願我的世界
總有你二分之一

苑子文 × 苑子豪

人生路，那麼長，只有你是最最完美的給予。

序 願你始終被這世界溫柔相待

　　第一次見到雙胞胎的時候，我問了他倆一個問題：「你們的理想是什麼？」

　　他們始終沒有回答我。

　　有兩個可能：一是拚命實現「考上北大」這個理想之後，新的理想還沒有很凸顯，他們也在尋找；二是他們跟我還不太熟，怕說出來被我笑話或質疑。

　　但不管如何，我知道當作家一定不是他們的理想之一。

　　那為什麼要寫書？

　　我為什麼要給他們出版這一本書？

　　拿到這個選題的時候，我跟我的編輯若琳很認真地討論過這個問題。我對她說：「妳要想好了，寫書以及出書這件事很神聖，不是那麼簡單。」

　　若琳想了幾天後回答我說：「我還是想做他們的書，不知道為什麼，他們身上有些東西很打動我，不是因為他們考上了北大，也不是因為他們帥，我想深挖一下。」

帶著這個「深挖」的目的，若琳和雙胞胎很快混成了好朋友。她對他們倆很看好，常常在公司的選題討論和發行徵訂會上談到這本書。她想藉這本書推出國內真正意義上的正能量「平民偶像」，更希望這本書讓大家明白，其實「草根」也可以發光發亮，能引領一大幫年輕「草根」勇敢前行。

但坦白講，這本書在最初的策劃中是出了一些偏差的。我們把很多的精力放了拍圖和粉絲互動等方面，連編輯若琳自己都忘記了一件最重要的事情——雙胞胎是學霸，但他們不是專業作家。所以等我拿到初稿的時候，我的第一反應是：這是什麼？都寫了些什麼鬼玩意？！

我把稿子甩回若琳桌上，問她：「妳是要出版一本高考優秀作文集嗎？」

她嘆了口氣說：「我忘記他們不是專業作家了，寫著寫著就越寫越偏，變了味道。怎麼辦？」

我說：「很簡單，要嘛重寫，要嘛放棄。」

那天下午，我要來了雙胞胎的電話，思考了一下，我選擇了打給哥哥。表達完我的意思後，我相信他在電話那頭一定很崩潰。有些話我說得很重，比如：「如果你們對文字最起碼的尊重都沒有，認為出書這件事如同兒戲，我們可以從現在起中止合作。」

我等著他跟我咆哮：「饒雪漫，妳有什麼了不起，我不寫了！」

幸運的是，他並沒有使小性子，而是很謙虛地對我說：「好的，雪漫姐，我們這就認真改。」

這也是這一本書，為什麼會拖到現在才出版的真正原因。

改稿的過程，是個重建的過程。其中的某一天，我接到他們的微信，大意是告訴我有多少粉絲在等他們的書，他們承諾過要在六月底出版，不能再拖了等等等等。

但我早就鐵了心腸，拿不出讓我滿意的稿子來，休想。

我一直希望他們能明白的是：要透過你們的書告訴大家，你們是如何成長的。而不是總是試圖去教育別人應該要如何成長。我要在書裡看到兩個最真誠的，最認真的，最誠懇的人，就這麼簡單。

只有放下包袱，文字才會變得輕靈而生動。

還好，儘管困難重重，在若琳和果子李這兩個編輯的幫助下，他們最終做到了這一點。還好，我們彼此，都沒有讓對方失望。

剛剛二十歲的苑子文和苑子豪，雙雙考上北大，上過《魯豫有約》，出版了自己的第一本書，擁有了第一批固定而忠實的粉絲。我相信他們雖然沒有回答我關於「理想」的那個問題，但前方一定有個叫作「理想」的東西，在引領著他們一路飛奔，追逐到底。這才是為什麼他們出現在哪裡，哪裡就充滿了正能量的最重要原因。我無從去揣想二十年後，他們會是什麼模樣，從事什麼樣的工作，過著什麼樣的日子。而我更希望的是他們能永遠像現在這樣相互扶持，同手同腳地走下去。因為這才是他們比普通人更值得慶幸的地方——喜憂同擔，榮辱共享。

願我的世界總有你二分之一。

願這世界始終與你溫柔相待。

加油，苑家兄弟。

饒雪漫

2013年8月5日

目錄
Contents

1

那些跟北大有關的夢

　　不知道從何時起，北大變成一顆在我們心裡生根發芽的種子。

　　因為夢想會發光，所以，無論身處多麼漆黑的角落，也總能有一束亮光，引領我們前往，風雨兼程。

子文

不失理想，不負厚望。

嚮往美好，執著追求。

子豪

在學霸成為學霸之前

十七歲，我來到了天津的一所高中，在去之前，聞其名曰「楊村一中」，那時的我覺得那不過是一個落後的村鎮學校，教育品質肯定比不上大城市的重點高中，於是我信誓旦旦地告訴爸媽：「放心吧，兒子去讀三年，一定能考上清華北大。」

就這樣，帶著滿滿的自信和期待，我和弟弟踏上了異鄉求學的路。

可事實是，開學後不久，我就發現自己根本跟不上班裡同學的學習節奏，課堂上老師講授的知識也比我想像中難很多。那時候的我非常痛苦，由於反應比較慢，問老師問題都會把老師氣到發火，有時候一道題不會算，要在講台旁罰站一整節晚自習。

我想，那大概是我最壓抑的一段歲月了吧。

每天放學鈴聲一響，大家都開始收拾書包準備回家，而我強忍住饑餓

和想放鬆的念頭，低頭繼續演算數學題；等大家走得差不多了，樓道不再擁擠，我再跑到食堂迅速吃飯然後回到教室繼續自習；週末時候同學們偶爾的「出逃狂歡」我也從來沒有參與過。

現在想來，我甚至都沒有去過當地的商業區吃過一頓晚餐，看過一場電影，逛過一次商場。那時候的我試圖把自己圈禁在教室和房間裡，不遺餘力對抗著那些並不可愛的定義和公式。

我不知道這種生活的盡頭在哪裡，也曾在極度頹靡的時候絕望地認為它可能永遠沒有盡頭，但我近乎自虐地堅持著。那時候的我每天都生活在誠惶誠恐之中，巨大的學習壓力和被消磨殆盡的自信心讓我迅速萎靡和消瘦。就在這種低迷的狀態之下我完成了第一次月考。

我記得發成績單的時候，我簡直不敢相信自己的名次——年級第六十四名！

雖然這對於一直成績優異的我來說並不算是太好的名次，但對於這一個月來飽受折磨，以為自己從此就只能在班級和年段裡墊底的我來說，已經是最意外的驚喜了。

我高興得難以自已，蹲在桌子下面給我爸打電話，電話那頭的他也難以置信，我倆拿著電話傻笑，那時的我們怎麼也想不到，兩年後，我竟能考上北大。

我曾問過自己很多遍，為什麼要立志考北大？為什麼要那麼篤定，甚至是倔強、孤注一擲般地努力考北大？

是為了讓爸媽臉上有光，讓自己這麼些年的辛苦付出得到回報？還是和那些不看好我的人暗中較勁，證明給他們看？又或者是被北大濃厚學術氛圍和最高的教育聲譽所吸引？

我想，答案是，也不是。

高一時我的成績並不算有多優秀，離考上北大還有相當一段距離。但沒有什麼能阻擋一顆會做夢的心。不知道從何時起，北大變成一顆在我心裡生根發芽的種子。因為夢想會發光，所以，無論身處多麼漆黑的角落，也總能有一束亮光，引領我們前往，風雨兼程，跋涉探險，在所不惜。

隨著四次月考的結束，高一上學期也即將過去，這時候就迎來了一個改變後來很多事情的轉捩點——文理分科。

那個時候我的成績相當尷尬，我對理科不是很擅長，學習起來比較吃力，但是由於態度認真，以及學習重心偏重於弱項科目，我的理科成績反而比文科成績優異。尤其是當時我的語文和英語比較好，班主任說如果選擇理科，會有很明顯的優勢。

我想這應當是每個人都很難抉擇的時刻，因為這個選擇可能影響未來一生的軌跡。我有可能由工程師變成編輯，由記者變成醫生，由藝術家變成科學家……正當我糾結的時候，「選理走天下」的說法也跟著就來了——

「選理科，選文科以後你能幹嘛嗎？沒前途。」

「選理科，文科都是那些學不好理科的才人選的。」

「選理科，男孩子一般都學理，學文競爭不過女生。」

「選理科，以後好就業，就業面那麼廣，想做什麼做什麼。」

……

「選理科，還是選文科，你們想清楚了，就自己決定吧，爸媽尊重你們。」

我記得那時候，爸媽都傾向於我們兄弟一文一理。爸媽說弟弟性格開朗，更適合學習文科那樣很活的知識，以後畢業工作時，他也能更好地處理人際關係。而我更適合學理科，他們說我身上有一股狠勁兒，特別適合鑽研學術搞研究。而且兄弟倆一文一理，以後在工作領域或許可以取長補短、互相填補資源上的空缺。

我也記不得當時在文理科的選擇之間猶豫和更改了多少次，最終我和弟弟毅然決然選擇了文科。

現在看來，我覺得這是我在高中時代做的最正確的一個決定，沒有之一。

最苦的時光是獨行

　　選擇了文科之後的前半個學期十分順利，我的成績始終保持在年級前四名左右，可好景不長，之後的整個高二，我都處在一個極其低迷的狀態。

　　也說不清具體是什麼原因，也許是不得當的學習方法最終顯出弊病，也許是夜以繼日的學習讓我沒時間好好沉澱反思，我的成績一直徘徊在年級十五名左右，這種被動的狀態幾乎持續了整整一個學年。

　　我深知，以當時的成績是肯定考不進北大的。而那個時候我又總是很在意他人的眼光，連續幾次考試都被攔截在年級前十名之外讓我開始胡思亂想，有時候覺得老師的關注重點都好像從我身上轉移走了，有時候又覺得大家一定暗暗認定我從此就只能如此了，更有時候連自己都想自暴自棄。

　　更讓我鬱悶的是，弟弟的勢頭一直很好，八次考試總排名第一，在高三開始之前就獲得了去北大夏令營的唯一名額。去夏令營之前，他還很賤地留

17

給我一封信，名字叫〈想想為什麼去的不是你〉。

我看完信當然被氣得要死，恨不得把這小子從北大拉回來暴打一頓來「報答」他。直到現在，我們倆仍然樂此不疲地以此互相調侃，比如每次有女生送禮物給我，我都會故意打趣小豪：「想想為什麼送的不是你？」或者我的微博粉絲增加得很快，我就對他說：「想想為什麼漲的不是你？」

那時候我們寄宿在一對老人家裡。每天晚上回家，都想著分秒必爭地看書寫作業，一分一秒都不想放過。可話癆子豪一攤開書就沒完沒了地跟我聊天，每次都逼得我指著他說：「閉嘴。」靜不下來還愛賴皮的他總是可憐兮兮地說：「行行行，哥，你聽我把這句話說完，我就安靜念書不打擾你了。」

但是可能嗎？這個過動症患者每次安靜不過一分鐘，就又開始找話題聊開了，而且每次他自己都樂得人仰馬翻。看著他那副傻樣，教人不笑都不行。

那時候他功課好，晚上聊一會兒天寫幾道題就睡覺了。而我為了堅持每天完成自己安排的學習計畫，只能延後睡覺的時間，在他睡了之後，一個人做題背書到凌晨一兩點鐘。

深夜的屋子裡安靜得可以聽見錶針轉動的聲音、隔壁簡陋的廁所裡水龍頭滴水的聲音，以及我心底的那份煎熬和掙扎。睡不著的時候，我總會望著黑暗中的天花板發呆。我曾經也是年級排名前幾名的佼佼者，我曾經也備受眾人矚目，我曾經也總給同學們分享學習方法，我曾經也拿著一等獎獎學

金，我曾經……

可是這一切卻再也不屬於我，我的心裡有苦難言，這樣的煩惱和焦灼我甚至不知道要對誰說。除了弟弟，這些事我還可以說給誰聽呢？

可同時我又覺得難以啟齒。每次走到他跟前，都猶豫再三，轉幾個圈也說不到點上。即使說了，也覺得毫無意義。因為雖然他每次都很認真地聽，說他感同身受，但是我依然覺得他是佼佼者，當然不能體會到我的心境。這些心事，只有我一個人懂。

那陣子每天在學校的食堂吃完飯，一回到家裡我就馬不停蹄地看書。有時候寄宿的人家開著電視或者來了客人比較吵，我就站在樓下背書。天津是一個靠海的城市，未至盛夏的時候，濕潤的海風吹來，天氣還算舒服。

我清楚地記得，那時候天很藍，瓦礫牆被陽光曬得明亮溫暖，風把手中的課本吹起幾頁，又被我靜靜地按下，頭頂上的電線錯亂有致，幾隻小鳥站在上面，看著我一頁一頁地背書。在那個狹小的胡同，我常常一站就是兩個多鐘頭。

那段日子真的有一種說不出的落寞和孤獨，有時候覺得根本沒有人懂我的挫敗感，彷彿只有我一個人在痛苦中行走。我極其渴望自己能夠重新站起來，但無論怎麼努力，都無濟於事。

一個人感受著凌晨三點鐘空氣中的肅靜，一個人體會傍晚六點操場上的汗漬味，一個人行走在風景十年如一日的上學路上，一個人偷偷拉扯著那份黏稠而灰暗的心情。

是我還不夠努力嗎？每天早上五點準時到學校上自習，課間很少離開座

位，中午也很少午休，大課間站在班級門口的窗戶旁背書，活動課跑到圖書館做題……我覺得自己真的已經做到了全力以赴，已經比以前成績好的時候更努力了不知多少倍，但成績還是毫無起色。每次考試，都是失誤，失誤。

最後一次期末統考，我決定不給自己留任何退路，再拚一次。

我投入更多精力準備考試，課本被我翻爛了邊角，每天吃飯僅用十分鐘，取消了幾乎所有午休，每晚都熬夜念到很晚。有時候喝咖啡不能解睏了，我就開始學網上的做法乾吃咖啡粉，睏就開始舉啞鈴；在學校，課間站在空調下面吹冷風背書防睏，連做早操的時候都要在心裡背誦重點；吃完晚飯要去泡圖書館；課間要最快速度跑到辦公室問老師問題。

我覺得我已經把能做的做到了極限，於是在精心地準備了一個月後，這場對我而言意義重大的期末統考來了。

那次期末統考的題目很簡單，我很有把握，信心很足。整整一天我都沉浸在喜悅之中，一個月來我第一次放鬆地和同學說笑。三天之後，成績出來了，當我看到自己的名字又一次出現在第十五名的位置時，我尷尬地和旁邊擁擠上來看成績的同學笑了笑，低著頭從人群中擠出來，默默地走開了。

又是沒有任何起色，我想不明白。

那天晚上我大哭了一場，是真的大哭。

我一直覺得男孩子不應該動不動就哭，有時壓力大的時候我選擇跑步或者聽音樂來轉移壞情緒，但這次考試成績終於擊潰了我最後一道防線。我覺得一切都完了，結束了，再沒有可能了。不管我再怎麼努力、用心，我都不可能再考好了。我哭得很丟人，也很徹底。

那個晚上哭完了以後，我做了我人生中最丟臉的事情——心悅誠服地去找子豪請教，問他能不能和我講一下念書方法。

　　他當時的第一反應是錯愕，因為我一直很固執，不喜歡聽他的建議。之後很快他就擺出架子，從頭到尾把我訓得幾乎一無是處。雖然事後我很想揍他一頓，但當時我心裡卻沒有一絲的不服。那是我第一次心悅誠服地去請教他有關學習的事，我迫切地想改變沒成果的學習方法，想改變自己。

　　或許我是真的怕了——不是怕自己不夠爭氣，而是怕再也改變不了現狀。

子文

笨蛋哥哥的逆襲

　　幾天後高三前的最後一個暑假正式來了。我提著大包小包坐在回家的車上，爸媽一路上都沒有提考試，我知道他們不想給我施加任何壓力。

　　我告訴自己，這個假期，如果我還是照搬原來的學習方法，那不過是在家裡重複上一個月徒勞的努力罷了。那晚被小豪「訓」過之後，我明白，如果還一味這樣迴圈式地學習下去，那麼我永遠也走不出這個怪圈，這個假期，我必須要好好反思，靜下心來沉澱自己，

　　我先是甩開作業和複習計畫，丟下準高三生的壓力，好好玩了幾天。然後，開始靜下心來總結過去的失敗經歷。

　　在這個過程中，我慢慢發現，過去的我太在意成績背後的意義，在意自己曾經的優秀，在意和子豪之間的比較，在意老師和同學的眼光，在意優等生聽講座的名額沒有我等等等等。

一個人要先放下，才能再拿起。我試圖將所有的包袱都放下，我告訴自己，我必須認清自己也看輕自己，唯有撥開心中的那團迷霧，才可以看到太陽。

　　緊接著我開始反思自己的學習方法，一科一科地分析，把試卷上出現的錯誤問題一一剖析，並且借鑑了小豪跟我分享的他自己的學習方法，想了很久具體可行的解決措施。

　　那幾天應該是看上去最清閒但任務最重的日子，我拚命地想，做什麼是有用的，做什麼是徒勞的。我不敢說自己的判斷一定正確，但我想，如果我想重新回到以前，一定要首先堅信自己可以。

　　整整思考了近二十天，我把每一科該怎麼學都想得清晰透徹，幾天之後，我換了新的本了，買了新的筆，整裝待發，奔赴高三。

　　以全新姿態出發的我，放下了所有的包袱，放下了過去的挫敗感，放下了面對考場的膽怯，也放下了那個不肯服輸的自己——一個失敗過的人，不首先承認自己的失敗，何以知道如何成功？

　　就這樣，我在開學的第一次考試中輕鬆考到了年級第二名。我為自己的「首戰告捷」感到開心，卻也再一次感受到了壓力——怎麼辦？會不會下次又考不好？

　　高三一開學就明顯感覺班上氛圍變得壓抑，放眼望去，大家幾乎都在埋頭做題，時間好像凝固在這個空間裡。

　　這種壓抑，是每個人都緊繃的神經在無形中帶給你的，　穿一件新衣都

不被允許的，因為那代表你沒把心思放在做題上；看似漫不經心地問身邊的同學，「昨天你幾點睡啊？」得到的回答是，「我太懶，不到十二點就睡了，」而昨晚分明看到他的檯燈一直亮到兩點。

在這樣分秒必爭的學習氛圍裡，在大家都恨不得能睜開眼就坐到教室的情況下，只有子豪狀態最輕鬆。出門前一遍又一遍地照鏡子，有時候已經穿上一雙鞋走到門口了還要回來再換一雙。有幾次我乾脆不等他，走出幾十公尺遠了他才笑嘻嘻地追上來說：「哥，我錯了，下次我動作快點。」

直到現在他都沒改這個毛病，經常不守時，有時候要等他好久，氣得我想打他一頓，但他總是特別理直氣壯地說：「怎麼也得有個范兒行嗎？老哥，你沒看重量級人物都遲到嗎？」

就在這近乎「無聲」的實驗班裡學習了近兩個月，在我連續考了三次年級第二名後，年級主任龔老師把我叫到了她的辦公室。很多人都覺得功課好的學生不怕老師，可我是最怕龔老師的。

其實跟大家印象中的學霸形象相距甚遠，在學風踏實的實驗班裡，我是出了名的活躍，經常被龔老師撞見我調皮搗蛋——比如班長王帥學習太努力，經常在背書的時候坐著睡著，我總喜歡在後面猛地吼她一下，嚇得她從椅子上跳起來；再比如死黨婉婷是出名的踩鈴王，因為她總能很準地在打鈴前幾秒趕進教室，我給她起了個外號叫「阿龜」，有時候阿龜遲到了，我就騙她說班主任很生氣，讓她下課去辦公室一趟，她緊張了一節課就想怎麼跟老師解釋，白跑一趟後又滿臉怨氣地回到班上找我算帳；我還因為調皮撮合了我們班一對情侶，在我的起鬨下，兩人冒著在實驗班談戀愛一經發現就要

受重罰的風險，一直好到了現在。

那天我邊回想著自己又犯了什麼事，邊往龔老師辦公室走。至今我還記得龔老師溫柔的笑容，她說：「子文，下個禮拜咱們年級要召開一個大會，你的進步有目共睹，你可以給所有同學做一個報告嗎？」

我表面上裝作很淡定，但心裡卻開心極了，這種機會在過去只有子豪才擁有的。就是那次演講，讓我真正開始變得自信起來，重新找回了久違的霸氣。沒有什麼可以打敗一個目光篤定、內心堅強的人。心態大好的我在之後的考試裡不是第一就是第二，成績出奇地穩定。

然而在高三，我們都知道，誰過早地自負、驕傲，誰就可能迅速被超越。雖然我和弟弟一直雄踞年級排名前幾名，但我和他心裡一點兒都不敢鬆懈。

那時候我們兩個人很默契地各自卯著勁學習 。當我考了第一，我就會說：「你看你這科，是不是有些僥倖的成分，我覺得你還可以再提高。」而每次他考了第一，他就要說：「咱們先從語文說起……」由此開始逐科批評我，每一科都指出來我的弱點。

最要命的是他還總要問我：「你自己說是不是，你就說你承不承認？」只有等我親口承認自己暴露的問題和錯誤後，他才再稍加點評然後繼續說另一科的試卷。

不管怎麼說，那段日子裡，我們兩個人默契地用「說教」的方式彼此「打壓」。我們因為考得不錯而稍有興奮的狀態──這個興奮的狀態一定要

把持好，不驕不餒，小心謹慎。

所有遙遠的夢想都從遠方開始啟程，翻山越嶺、風塵僕僕而來，霸佔著我每一寸思想和每一天的生活。即使尚且年輕的我們還未能讀懂讀透夢想的真正含義，但卻固執地緊緊抓住這兩個字，以其作為我們所有努力和犧牲的理由。

我不確定是不是不考上名校就沒有美好未來，也不確定是不是自己不用如此努力就可以考上北大，但我確定的是，這世上，永遠沒有免費的午餐和天賜的財富，想要獲得多麼珍貴的禮物就要拿多麼珍貴的付出來交換。你不努力別人努力，你不付出有人付出。很多時候，我們和別人拚的，是誰更破釜沉舟。

冬天的北方小城會有一種細膩到黏人肌膚的寒意。租的房子很冷，不大的房間裡，還未供暖的那幾天，只能靠一台電暖氣和熱被窩取暖。

有時候我會支起小桌子，擺上小檯燈，放上幾本書，屋裡的微弱光線就著窗外的明亮月光，繼續奮筆疾書起來。

有一晚感冒嚴重，但我依然還在堅持複習，不知什麼時候就仰頭睡了過去。半夜翻身的時候，被重重的金屬壓到疼醒過來，才發現書和檯燈都從桌子上翻倒在床上，而桌子正以兩角顛歪立著，另兩角倒在我小腿上的姿勢搖搖欲傾。我正要直起身的瞬間，「啪」的一聲，它終究還是倒在我身上。那一瞬間，比起痛感，我反而被自己逗笑。

這是怎樣窘迫又執著的一段歲月啊。

那段日子媽媽每天都小心翼翼。高三的孩子都敏感易怒，每天看到熬夜

的我，她比我更加心疼。那段日子平常十點準時休息的她總是以追電視劇為由賴在客廳不肯走。

　　每當我從房間裡出來活動時，她都會立刻把視線從電視機前轉移到我身上，問我是不是渴了，要不要水果這樣令人溫暖的傻問題。有一次深夜，我到客廳休息，電視裡的聲音還在吵，廣告一幕接著一幕，而她，這個為我耗盡青春容顏卻樂此不疲的女人，就靜靜地臥在沙發一角，不知道什麼時候睡著了。

　　我彎腰替她蓋被子時才發現，我小時候認為天下最美的這個人竟然也在我不知道的時候長出了很多皺紋，面容憔悴。想哭的衝動至今不忘，就算只是為了她的這份心意和期許，我也必定不達夢想誓不甘休。

願我的世界
總有你二分之一

人這一生，能有幾次像高三這樣，簡單純粹地追求自己心裡小小的夢想，就為了當初對自己一個小小的應允，或者為了家人一個期盼的眼神，師長一句堅定的鼓勵。

比高考更重要的是兄弟

　　每天都重複著同樣的生活作息和複習內容，就這樣來到了高三下學期，高三下學期的第一次考試，我拿到一個令自己傻眼的成績——第十三名。

　　一開始並沒有很在意，覺得只是一次失誤。但是第二次、第三次，直到十幾名的情況出現了很多次，我開始著急。高考就是這樣殘酷，無論你之前成績多好，最後只是一試定勝負。之前所有的優秀和夢想中的燦爛未來都在這個學期的低迷狀態下顯得虛無縹緲。

　　而令人頭疼的是，這個時候子豪的成績也開始下滑，整個學期他都沒考好過一次，我們倆跟商量好似的，要強一起強，要降一起降。

　　作為哥哥，我那彷彿與生俱來的要盡一切努力幫助他的使命感全面爆發了。

　　我開始幫他整理複習材料，幫他制定複習計畫，幫他做我力所能及的一

切——節省他的時間、減輕他的壓力、讓他心情愉悅。當時的我不知道哪裡來的那份勇氣，敢放棄自己的很多時間來幫他。

有很多次父母和我談話，要我不要影響到自己的學習，雖然是親哥倆，但是如果因為這樣最後兩個人都沒有考上，那是他們最不希望看到的結果。

其實這些道理我都懂，但不這樣幫他我做不到。在我的潛意識裡，他考上北大比我考上還要重要。從小我對他疼愛有加，他跟同學發生口角，我就在背後替他道歉，安撫好同學的情緒後還不忘耍一個小心機，讓對方跟他主動示好，讓他能有台階下；有時候他累得一頭睡倒在書桌上，我會幫他把筆和書都復歸原位，讓他能在醒來後能接上睡前的節奏。在那段草木皆兵的衝刺階段，我期望能以自己的微薄之力，給兄弟一份不動搖的依靠，一份不退後的守候。

但一直優秀的他太倔強，根本聽不進我的建議，就和我高二陷入低谷時一樣，只是一個人不聽任何勸告地埋頭念書，固執地不願意放鬆，也不肯扔掉那些包袱。

的確，從小他就比我優秀，一直很好強，在他的眼裡自己就是標杆，就是權威，而我的很多建議又恰恰與他的學習方法相矛盾，因此他很少接納。在這個節骨眼上，我們因為他的倔強和固執經常爭吵。

糟糕的成績使子豪信心大減。有時候爸媽撫著他的頭安慰他說：「北大考不上咱們就念人大，也挺好的。你們能念人大，已經超出爸媽的意料了，不要有太大的壓力。」

其實爸媽比誰都希望我倆能一起考入北大，但同時他們又很理解高考給

我們帶來的巨大壓力，因此他們一再降低要求，希望能減少我們的負擔。

　　坦白說，子豪是一個不如我能吃苦的人，他是個需要被照顧的小孩。所以當成績落後時他的意志力就薄弱起來。他有時候會犯懶、犯睏，沒一會兒就打瞌睡。我記得很有意思的是，有一段時間，每天一到十一點，我一定要去他那邊把他叫醒。每天如此，他很準時地就在十一點的鐘聲敲響前幾分鐘犯睏，我也很準時地在他小睡一會兒之後把他叫醒。

　　這個懶惰的小孩兒慢慢地形成了一種潛意識，那就是他可以偷睡和偷懶，他哥總會來把他叫醒，然後提醒他該繼續念書了。

　　臨近高考的那個月，是一切最明晰也是最灰暗的。連續幾次都沒有考好的子豪決定背水一戰。每晚都要堅持晚睡半個小時，十一點鐘時也不用我再叫他，睏的時候就站起來靠著牆背書，一遍一遍地去廁所洗臉。

　　因為高考前夕父母換著樣式給我們做好吃營養的飯菜，再加上總是吃過飯就坐下來念書，沒多久我們就都長胖了不少。

　　我印象最深的一次，我側過臉想看看子豪在幹什麼，當我看到那個曾經英氣逼人的男孩坐在書桌前，因為太累而打起瞌睡，疊起了雙下巴，臉上長了不少痘痘，以及驚醒後，他抬起頭與我目光對視時那負疚、恐懼，和逃竄的眼神，都讓我瞬間心疼不已。

　　有時候他站著學習，睏得實在不行了，書掉到了地上，他像是做錯了事情的孩子一樣，總要先看一下是不是被我發現。他害怕我數落他不爭氣，害怕我因為他不努力而和他發脾氣。

　　但其實我只是心疼他。心疼他為了這沒有起色的成績，那麼嚴苛地對待

自己。有時候看他努力強撐著不睡覺的樣子，我心裡總莫名生出一份自責，自責自己為什麼不能幫他提高分數，自責自己為什麼不能為他再多做些什麼。

高考前一天，學校提前結束了晚自習，我們拿著書和同學一起走在回家的路上。這條熟悉的路，我們和身邊熟悉的人來來回回走了三年，而今馬上就要說再見。路上大家都有些沉默，似乎面對高考，誰都抱著一種敬畏的心態，不敢再開多餘的玩笑。我們走在夏夜略顯潮濕的風中，月光把我們帶著夢想的笑容照得溫柔，大家反覆提醒彼此一些重要事項，提醒明天考試需要帶的東西，最後在分手的岔口，揮手再見，然後安靜地離開。

時至今日，高考當天的場景仍歷歷在目。那天我坐在窗邊第二排，教室陰涼又安靜，窗外有一棵並不高也不茂盛的樹，陽光打在很綠的葉子上反射出芒黃色的光——這是我記憶中，高考當天唯一的風景。當然，除了風景，還有意料之外的狀況——

高考第一天，我的作文偏題了。

回到家我抱著子豪大哭。最拿手的語文考砸，能拉開差距的數學變簡單，我覺得之前所有的努力和沉潛都在這一刻變得那麼無力，我的高考之路才剛剛開始二分之一就已經結束，我的夢想變得渺茫未來也黯淡無光，我開始考慮重考。

我對子豪說：「我是不是完了，是不是考不上了？」這個時候他變成了哥哥，像我以往安慰他那樣，告訴我肯定沒偏題，肯定沒事。

然而快節奏的考試容不得我多想，唯一能做的，就是考好後面幾科。有

時候回過頭來看這段人生，反而覺得很巧合。高考讓我在自己最拿手的語文上失利，卻讓我在最弱的文綜上意外收穫很高的分數。也許人往往是置於死地而後生的，也許應了那句話，「山窮水盡疑無路，柳暗花明又一村。」

說實話，很難用文字描述出高考最後一科結束鈴聲響起時我的心情，所有緊繃的神經一剎那稍微鬆懈了些，卻又沒能完全放鬆。我放下筆，衝著窗外唯一的風景發呆，可能我在想那幾道猶豫不決的題究竟是什麼答案，可能我在想最後改掉的那道題是不是正確，可能我在想我的高中歲月就這樣一去不復返了，又可能我什麼也沒想，只是靜靜地發呆——我想這大概是一個人一生中心情最複雜又最空白的時刻了。

考完當天，很多人都選擇出去唱歌、吃飯，好好玩一晚，而我卻選擇回到家坐在電腦前發呆，敲了半天又刪了半天，最後什麼也沒留下。

當然最後我有驚無險地和子豪一起考上了北大。不過我有一些悄悄話，一直不敢和任何人提起。

高考前夕，每次我看到子豪被成績打擊得備受折磨的時候，我比誰都痛心。我總覺得命運對這樣一個勤勤懇懇的人不公平，讓他努力和優秀了那麼久，卻在最關鍵的時候迅速敗落。

然後我心裡就一直有一個聲音，邪惡卻又無可奈何，我想那是我所能給予的全部的愛和最自然的關懷——

我想替他去高考。

我們有相同的面孔，相同的血脈，我的生命裡有他的二分之一。無論冒著什麼風險，哪怕被發現被取消考試資格毀掉一生，我都願意嘗試。在替他

著急到不知所措的時候，這個念頭一再冒出來，我從未跟任何人提起過。

　　噓！一定不要告訴那個總讓我犯傻的弟弟，不然他又要為此得意不已了。

想想為什麼去的不是你

　　很多事物，都是從第一眼開始你就與之結緣，青睞、嚮往，甚至深愛上它。

　　是的，比如北大。

　　我和哥哥獲得自主招生機會的途徑不同，他是因為高三綜合排名第一而被學校推薦，我是因參加北大的夏令營而被推薦。

　　記得那是高二下學期，快到夏天了，天氣燥熱沉悶，像密不透風的大網把人死死罩住。那時候我總喜歡拿兩張紙巾，浸透了水，就敷在額頭上解暑。實在受不了了就趁課間跑出去買罐冰鎮的可樂，咕嚕咕嚕喝下去，嗓子涼涼的，舒服多了。

　　「子豪，老班找你。」

　　想起老班，又有很多想講的故事，想說的話。

老班就是班主任，還有很多外號，我最喜歡的，還是我自己起的——老大。由於她姓聶，所以我總叫她聶老大。聶老大很年輕，我們是她帶的第二屆畢業班，此前她只在一中教過兩年。我一直很佩服她，這麼短的時間裡就可以把自己鍛鍊成一個很強大的班主任，帶領著實驗班，邁向清華北大。老大待我很好，我是她的班代表，因此我們關係很近。

那天她找我，對我說清華的夏令營名額出來了，班上有一個，問我要不要去。此時還沒有北大夏令營的消息，我很猶豫，一方面怕自己心急選了清華而錯過北大，一方面也擔心如果一心等北大的消息，最後反而一無所得。

「你告訴我，你喜歡清華嗎，」她就那樣看著我，「還是你喜歡的是北大？」

我記得當時自己說的是都行，反正都是明星大學，沒什麼差別。

「那你就再等等吧，相信我，你身上有北大的氣質。」

聽到這句話我開心極了，忍不住想像自己身上的那種屬於北大氣質到底是什麼。

於是我就一直篤定地等，我相信北大的春風會吹醒我心裡的種子。

終於北大夏令營的名額來了，老大毫不猶豫地將唯一的機會給了我。當然，那時候我的綜合排名是全校第一，完全符合要求。諷刺的是，那一段日子，正是哥哥最頹靡、最低估的日子，無論他怎樣努力，成績都不見起色。我記得很多次考後放榜，我都是年級第一，而他總是在我名字的下面，下面，和很下面的位置。

甚至有一次他去看成績，回來時苦笑著對我說，「紅色的榜圍滿了人，你的名字在第一個，我站在最外面也看得見，我很清楚地聽到前面的幾個女生說，哥哥怎麼又沒考過弟弟。當時我也在想，哥哥怎麼又沒考過弟弟。」

那次我沒回答他，不是不想回答，而是真的，不知該如何回答。

夏令營定在了暑假末尾，高三生早已開學。雖然為了參加夏令營，我不得不缺課四天，但我的學習節奏沒有因為夏令營而發生絲毫改變，生活還是老樣子。當時我完全沒想過，短短幾天夏令營，竟改變了我的一生。

去的前一晚我才開始收拾行李，一邊還聽著媽媽的囑咐——「多喝水，別忘記吃水果。」而哥哥，就在臥室裡伏案學習，沒有理我。

不知道他是怎樣想的，會不會有一點點嫉妒？我很快地否定：「不會不會，我哥從小就以我為傲。」

那會不會有一點點的失落，我不確定，但我想，可能，會吧。

走的那天爸爸送我，媽媽和哥哥跟我說再見，我還記得媽媽給了我個擁抱，告訴我要好好表現，為自己的自主招生贏得更大的機會。我點頭說好。

我把車窗打開，看媽媽從陽台的窗戶裡探出了頭，衝我微笑，跟我揮手。車子開了一段距離，我也終於看到，窗戶裡又冒出來一個人，衝我傻笑，跟我揮手。是的，是我哥，是我最親愛的哥。

雙胞胎就是有一種心有靈犀，那一瞬間，彼此心領神會望一眼對方的面孔，一切就已足夠。我知道他在用他最堅毅的眼神告訴我，如果喜歡，

願我的世界　總有你二分之一

就一定要執著追逐。

　　一路上爸爸跟我談了很多，當然包括哥哥。爸爸說他挺擔心的，從小到大，我們就生活在比較之中，哥哥不如弟弟的聲音也時有縈繞。爸爸在擔心哥哥有心理壓力的同時，更擔心哥哥的成績沒有起色。

　　我又何嘗不是呢。

　　想起我在臨行前給他寫的信，信的名字叫──〈想想為什麼去的不是你〉。

想想為什麼去的不是你
──寫給同樣優秀的你

　　此刻，我即將載著你我年輕而統一的夢想踏入燕園，走進北大，而你，或許有失落，或許有祝福，或許心情如同這八月聒噪的季節一樣難以平復，可這就是現實，就是你要面對的問題──我以八次考試總排名第一的資格，獲得唯一的推薦機會，而你，卻什麼都沒有。

　　我想你一定徬徨過，我更知道其實你也同樣優秀，你也曾在我的肩膀前以第一的姿態回首望我。只是如今，我已成為你眼前的風景。你這樣說，你越優秀越好，以至於我現在優秀到望不見你的身影，而我在今天，也想這樣對你說，結果到最後一定是好的，如果現在還不夠好，只能說明還沒有堅持到最後。

　　請你相信我，也相信你自己。

我在燕園，你在校園，想想為什麼去的不是你。平心靜氣、自信樂觀、不屈不撓，或許是你現在進步的不二法門，找回丟失的你自己吧，小獅子王盼你歸來。

——你的小獅子弟弟

我把信藏在了他的書桌裡，很快就被他發現了。我記得當時他的回覆很簡單，一張照片，一句話。照片裡是從我們的臥室就可以看到的院子裡種著的樹，開了紫色的小花，葉子綠油油的，很美。哥哥在相片背後寫了一句話——「窗外的樹開花了，春天還會遠嗎？」

我看著那張照片，默默掉了眼淚，因為我知道，現在是夏天，之後，是深秋和隆冬。

哥，春天，還遠著呢。

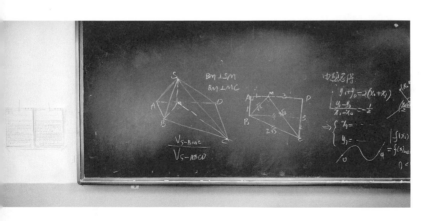

願我的世界
總有你 二分之一

再見了，北大

　　北大的自主招生考試對於我來講很重要，因為我沒有其他的加分項目，如果連自主招生都錯過了，那就真的要裸分去考了。而之前的學姐學長都用事實告訴我，裸分考（意指什麼加分都沒有），真的很難。

　　那時候班上已經有五位同學拿到二十分的加分了，還有一些同學分別有十分和五分的加分。我對這些數字很敏感，總是自己嚇自己，暗示自己在還沒高考的時候就已經和別人差了很多。

　　因此，我格外重視高三上學期的自主招生考試，幾乎把所有信念都寄託在這一仗上。

　　但是，我很乾脆地輸了。在考完的那一刻，就已經輸得徹徹底底，沒有絲毫餘地。

　　考試當天雖然語文和數學的試題結構發生了很大的變化，難度確實不

小，但我感覺自己的發揮還算正常，沒有什麼意外。可是下午考的英語、政治和歷史，是我這一輩子都忘不掉的回憶。就在那一場考試裡，所有可能發生的失誤都一個不落地發生了，讓我措手不及。

英語考試裡單選題變成了完形填空。要知道為了準備英語的單選，我背了近一個月的四級詞彙，打出來五十頁的詞彙表，日日背，夜夜背。甚至到了最後的幾天，我連課都不聽了，就為了多背些單詞，多拿些單選題的分。但在看到試卷的那一刻，我傻眼了。

英語的題量特別大，等我把完形填空題做了三遍確定答案後才發現，每空僅半分，而後面的五篇閱讀，每篇都有五道題，每道題都是兩分。

我自亂陣腳，開始埋怨自己怎麼不看輕重，不分主次。僅僅做了兩篇閱讀，我就放棄了，只把後面的表達題簡單做了做。

政治和歷史試題更是改頭換面，以前的名詞解釋不見了，換成了難度不小的選擇題。考前半個月，我拿著專門為自主招生準備的名詞解釋小本，背得天昏地暗。而現在，一切努力全都白費。

這些都還不是最慘的，答題節奏和題型的改變，並沒有讓我徹底絕望。

真正的絕望，在考試的最後一秒出現。

鈴聲響起，考試結束。這個時候我才意識到，我的手錶時間沒校準，最重要的是，三科的答題卡，我一點都沒塗。要知道英語有四十五道題需要塗卡，歷史政治加起來也有二十道題。

當時我的第一反應，也是唯一反應，就是完了。

真的完了。

那麼久以來的認真準備，每天都關注電視和報紙上的時事新聞，從網上千辛萬苦淘下來的歷屆考古題，買來的各種輔導書和模擬試卷。廢寢忘食的學習，對高考的日夜渴望和恐懼，還有我對北大的熱情、自信、期待、嚮往，連同父母家人和老師同學的祝福，都一併煙消雲散了。

最後一刻，我抓起筆，甚至不看卷子上自己寫的答案，一筆把五個選擇都塗成A或者B。

老師收到我的卷子時，我還有近一半沒有塗，我懇求老師說，老師，再讓我塗幾個吧。

我多想告訴她——

老師，我準備了很久的，我很用心的，我晚上都不睡覺地看書做題，就為了這一次的考試。

老師，我只有這一次加分的機會了，如果我再錯過，我就真的沒希望了啊，老師，再讓我多塗幾個吧。

老師什麼也沒說，只是從我手中輕輕抽走了我那答案並不完整的卷子。全場同學不知何時都離場了，只剩我一人，默默地坐在座位上，我想，真的，就這樣結束了。

真的，就這樣結束了。

我看著手錶的指針慢慢劃過實際上早已經過了的五點鐘位置，痛恨自己怎麼在考試前沒把時間調準。

我清楚地記得，那天我走出考場的時候，夕陽很漂亮，天邊有點紅，像火燒雲，好像還有很多櫻花綻放在天空裡，一切都美得像極了童話。

還沒走到校門口，就看見主任和班主任向我跑來。

夕陽西下，兩個並不高挑的身影，出現在我模糊的視線裡。

班主任對我說的第一句話就是：「卷子交了嗎？」我默默點頭說交了，接著她就給了我一個擁抱，哄孩子似的跟我說沒關係。主任在一旁說：「快上車吧，辛苦一天了，有什麼事回學校再說。」我跟著她們倆，一路上沒再說話。

我是最後一個上車的，大巴車上人聲鼎沸，大家都在討論今天的題目，個別的理科生討論著如何用最簡捷的方法解今天最難的壓軸題，這在我聽來厭煩極了。

司機發動大巴士，一輛載著我們沉重夢想的車，回程了。

途中很多同學都過來詢問我的狀況，給我遞零食，我實在打不起精神回應他們，只有沉默。

哥哥替我回答：「讓他一個人安靜安靜吧。」

我記得我把頭靠在車窗上，看著天色一點點變暗。這是我第一次注意到天津這座城市的夜景──路的兩旁有燈火通明的商家，不時撞入視線的還有排列整齊的住宅區，挨家挨戶都點亮了一窗溫暖昏黃的光，好像試圖用柔和的光線安慰我，告訴我沒事，路還很長，這世界還很美好。還有那些走在路上的人，裝束不同，神色模糊，但都彷彿在厚重夢想的承載下努力生活。

看著看著，我就哭了。

我很少掉眼淚。

躁動的夢想、希望、失望、期望，和絕望，都一併在這微微涼的夜色裡

混合著眼淚發酵了。

是的，沒人逼我上清華北大。可是我想要。因為我要夢想，要熱烈，要活得跌宕起伏波瀾壯闊。因為每一個追夢的少年，都是偏執的夢旅人。

所以，我和所有人一樣，願意獨自吞下每一份難言的苦楚，願意承擔即將面對的所有隱忍與疼痛。

大城市的華燈照亮的不只是夜空，也照亮了模糊的未來。

回到學校，班主任給我開了假條，囑咐我回家好好休息。我揹起沉重的書包，邁開沉重的步伐，走回家中。

我一路低著頭，彷彿思緒萬千，也彷彿萬念皆空。那一刻，喧鬧的汽車喇叭聲，擁擠的人潮，全部退去，這座城市露出了它真實的面孔，像極了一具孤獨的沒有靈魂的軀殼。

猛地一抬頭，就在樓下看到了爸媽。他們站在那兒，衝我微笑著。接過我的書包，像迎接凱旋的將軍，媽媽說：「今天給你做了你愛吃的咖哩牛肉，都熱了好幾次了。」

我真的想和他們說說話，說說我心裡的所有委屈和痛苦。我知道他們是這世界上最支持我的人，無論我遭遇什麼，他們永遠最相信我、最愛我、最懂我。

可我真的，一句話都說不出。

憋了好久，媽媽問我考得怎麼樣，我默不作聲，低頭吃飯。爸爸說：「別問了，兒子考一整天了，挺累的。」媽媽附和著說：「好好好，我兒子

肯定沒問題。」

片刻岑寂。

「媽，爸，我完了。」

有那麼幾秒鐘，他們沒有接上話，後來還是媽媽笑著先開口，説不可能，説我兒子那麼優秀，那麼有實力，不會的。

我低著頭，捧著飯碗吃著飯，但每吃一口，都像是在啃噬自己。

千言萬語，我只有一句話可以作為回答——

「媽媽，我真的完了。」

後來我把自己鎖在房間裡哭了很久，嚎啕大哭。

那些積壓在我心裡已久的情緒都跟著迸發出來，彷彿那些年的青春和時光都一下子呼嘯而過，每一個夜晚的痛苦堅守，每一個白晝的華麗美夢，就這樣，以最不曾預設的方式全部終結。所有高中三年來吃過的苦，流過的汗，都在此刻以淚水的方式得以交換。

我的愚蠢。

我的堅持。

我的不甘和膽怯。

我的那些偽裝的堅強。

都淌成不可逆流的河，一點一點，將夢想淹沒，讓我溺亡。

有人不是這樣説的嘛，成長的學費是眼淚，長夜，笑和紀念。

子豪

你也曾有過這樣的日子嗎

　　每個人都有過或將有一段狼狽不堪的高三時光，那時候的我和你一樣，時常想這樣的日子究竟何時才是盡頭，可最後也只能告訴自己，快了，真的快了。我不知道是什麼力量支撐著我一路走下去，甚至不確定這些夜以繼日和不辭辛勞是否真的值得。但是我一直告訴自己，當別無選擇的時候，只要走下去，就一定對了。

　　高一高二的時候，我的心態相對輕鬆，上課的時候還總和老師鬥嘴，常常跟年輕的生物老師你來我往一句又一句，逗得全班同學哈哈大笑。她在前面講「爺爺」，我在底下貧嘴答應；我學她說話，她又氣又笑；有時候我貧得過分了她一喊我名字，我便推搡哥哥說：「叫你呢，老師叫你呢。」

　　跟同學也是打打鬧鬧，開起玩笑也是嘴不把門分寸全無，為此我還贏得了一個人見人愛，人愛人怕的綽號「小討厭」。

可是一到高三，這些日子就都一去不返了。

我的高三和大多數人一樣，也和大多數人不一樣。

吃飯很快，總是狼吞虎嚥；每晚睡眠不足，還時不時有惡夢相伴；時刻都覺得疲乏，以致常常打開窗戶邊吹冷風邊看書。看到鏡子裡狼狽不堪的自己，竟覺得十分陌生。

我也曾一度懷疑，這還是我嗎？

在高中千篇一律的日子裡，只有煩惱渺小而明亮。

因為它們提醒著我，我是那麼真切地存在著，與這世間每一個行走的築夢人別無二致。

高三這一年，懷揣著非北大不去的夢，我知道我只能更加努力。甚至大家都覺得我變了一個人，再沒有心情去調侃老師或同學了；每天都是分秒必爭，中午在食堂只吃盛好的炒飯或者炒麵，不捨得多花幾分鐘去排隊買可以自己選菜的午飯；吃飯的時候還不忘拿本書，在咀嚼的時候一行又一行地看，等到全部吞嚥下去，再把視線從書上移到飯碗上，夾起滿滿一大口，放入口中用力咀嚼，視線，在此刻便又重新回到了書上。

我也知道，這樣的我狼狽極了。

記得有很多個夜晚我都是在痛苦的失眠狀態下熬過來的，那時候我和哥哥住在一個房間一張床上，他一天下來很累，躺下就能睡著。我睡不著，就想和他說說話。

我側過身，叫他，哥，哥哥。

他通常都是沒有絲毫反應的，我便繼續，拿個棉花棒塞進他耳朵或者鼻孔裡，但是他也僅僅是醒一下而已，然後便接著睡下去了。有時候我狠一點，捏住他鼻子把他憋醒，然後很快地和他說話怕他睡著。

我一遍又一遍地問他——

「哥，哥哥，你說我還有機會上北大嗎？」

他都是點頭哼幾聲，然後也不再理我就睡了。很多次我都是覺得他沒有個哥哥樣子，明明我這麼難受痛苦了也不陪陪我，所以就很用力地踢他幾下，然後再打他幾下。有幾次把他打醒了，就輪到我裝睡了，他皺皺眉，說我有病之後也就安靜了。

我躲在被子裡咯咯地笑，笑完後又總覺得沮喪和落寞。

有人不是這樣說的嗎，大笑的人一定內心最悲傷。

自主招生失利後，我的情緒更加低落，成績一度墜入谷底。最要命的是無論我多努力，成績都毫無起色。

那時候我的名次一直排在全校十名左右，按照歷年的情況來看，這樣的成績想要考上清華北大是完全沒有可能的。我不知道為何，自主招生前的自己，每次考試不是全校第一就是全校第二，是學校考過最多次狀元的學生，但是經歷過自主招生後，成績卻怎麼也回不到過去的高峰了。

幸運的是，在我人生最低谷的時候，校長和老師沒有一個人放棄我，他們一次次跟我聊天，鼓勵我，幫我打開心底的鬱結。

但成績仍不見起色。

那些日子過得很辛苦，我就像瘋了一樣，和哥哥吵架，大動干戈，跟朋友冷戰，亂發脾氣。但其實我發脾氣並不是最可怕的，最可怕的是，到最後我連脾氣都不發了。

記得最消極的時候，我就躺在床上告訴自己，是該放棄了。我甚至不想再起來，想就這樣一直躺著，躺到高考。

你也曾有過這樣的日子嗎？

極度懷疑自己，否定自己，你對自己說你努力了但是就是不行，你做不到，你所有的付出都無法贏得哪怕小小的，僅有一次的成功，你甚至開始懷疑通宵達旦的苦讀敵不過生來的聰穎和天賦。抱怨和鬱悶慢慢衍生出恐懼、絕望，你覺得這個世界真的不公平，你覺得全世界都在與你為敵，即使你不甘，你不服，可是現實就是要響亮地告訴你——你，就是不行。

但是我並沒有投降。

我渴望考上北大，我甚至從未懷疑過北大就是我唯一的選擇。我難以忘記一年前在北大參加夏令營時體驗的生活，我渴望那樣的教學樓和那樣的教室，渴望閒散了就坐在湖邊看看書，疲憊了就走到林子裡呼吸幾口新鮮的氧氣，渴望迷失自己後又在這個園子裡與自己重逢，厭惡自己後又在這個園子裡找到自信的大學生活。

我渴望北大，是的，我很清楚。我覺得除了北大，沒有一所大學可以讓我心安，讓我臣服。

頹廢過後，我收拾好自己的壞情緒，繼續在奔赴高考的最後一段征程。

那時候哥哥已經拿到了二十分的加分，再加上狀態和成績一直都還不錯，因此有很多的精力來照顧和鼓勵我。我一直覺得我和哥哥就是最佳拍檔，在我成績好的時候他不好，我有心情和精力來幫助他，在我成績飛速倒退而他勝券在握的時候，他又可以反過來幫助我。

每天清晨，我都會很早起來，先背五組單詞，然後去洗漱，我在洗手間的牆壁上貼滿了各式各樣的紙條，有文學常識，有字音字形，有英文單詞，還有成語釋義。刷牙的三分鐘時間裡，我會盡量把牆上所有的紙條看一遍，從莫泊桑看到曹雪芹，從《悲慘世界》看到《資治通鑑》。

到校後馬上開始複習書中的知識點，我把書翻開，抬起頭閉著眼背誦每一課的知識，我覺得所有的知識體系都已經深深刻在我的腦海裡了。上午的課總會感到睏乏，我多數是站起來聽課的，就站在教室的最後面。下課就拿著習題跑去老師的辦公室，問問題的時候我緊跟老師的解題思路，分秒都不敢分心，做廣播體操的時候，我就拿一個古詩文的小本，做操前就低頭默默地背，直到廣播操響亮的音樂聲響起，再將本子放在衣袋裡，開始做操。

中午回家，午飯總是很豐盛，補充足夠的營養可以幫我更好地對付一天的苦戰，但我也總是在二十分鐘內解決午餐，之後便到臥室裡做題。每天中午，都是固定的英語時間，一篇完形，兩篇閱讀，我相信熟能生巧和聚沙成塔。午休四十分鐘，醒來後陽光正好，客廳的桌上總是擺放好家人準備好的水果，蘋果、橙、櫻桃，都已裝好，是下午補充能量的「重要裝備」。下午的課間我也很少浪費，十分鐘的課間就可以做一道數學大題。

等到晚飯後，我又會做十五道英語單選，再走去學校參加晚自習。去學

校的路上，我總是計畫著晚上要學習什麼，安排一下晚自習三節課的學習內容，之後便嚴格地去執行。晚自習結束大約十點鐘，回到家中，喝一杯優酪乳，便又開始學習。睏了，就去洗臉，又或者舉啞鈴，這是哥哥想出來的消除睏乏的辦法，相當好用。夜半時分，任務完成，便洗漱睡去，睡前我總會告訴自己：「這一天，真幸福。」

的確，高三很苦，我們連吃飯、洗澡的時間都要精打細算，我們不能看電視，不能玩電腦，甚至連與朋友閒聊、逛街、聚會的時間都少之又少。每天早上要忍著睏乏硬撐著起床，去學校一坐便是一上午，中午做短暫的休息，然後又是一個漫長的下午，晚上也還要學習，直到深夜，窗外靜得再無腳步聲時，方能休息。

我們的桌子上堆疊了很多的書，很多的筆記本，很多的卷子，這一切彷彿總也沒個盡頭。我們的草稿紙上佈滿了密密麻麻的數字，手掌心上寫滿了要買的習題冊的名字，桌上貼滿了各式各樣鼓勵自己的話。考試前會緊張得睡不著覺，痛苦地失眠，身體勞累不堪，考試後又會為不盡如人意的成績懊惱苦悶，甚至就躲在被子裡失聲痛哭。

看著牆上或者桌上貼著諸如「我的大學」這樣的字眼，總會很心動，但是心動也伴隨著心痛。我們總感覺前途迷茫，夢想就像遠在天邊觸摸不到的雲霧，或者稍縱即逝的流星。

但這真的就是高三。

誰不是這樣長大的呢？

要相信，那些吃過的苦，受過的累，扛過的艱辛歲月，總有一天，會化成一束束光芒，照亮我們跋涉的路。

洗手間的牆壁上貼滿了各式各樣的紙條。每天早上刷牙的三分鐘裡，我會盡量把牆上所有的紙條看一遍，從莫泊桑看到曹雪芹，從《悲慘世界》看到《資治通鑑》。

子豪

過去屬於死神，未來屬於自己

　　彷彿就是一眨眼的工夫，高考就來了。

　　那幾天過得很有意思，老爸老媽總會在我倆睡覺前給我們倆做全身按摩，老爸笑著說：「要不是高考，我兒子還沒這福氣享受按摩呢。」老媽也應和著：「兒子，堅持啊，就快結束了。」

　　回頭想想，高考那兩天對我而言彷彿很艱難，又彷彿很輕鬆。我只記得我在走往考場的路上，還在捧著書看重點。而當我走進考場那一刻，我知道此刻的自己已經準備好，我已經是最優秀的自己了，無所畏懼，必然所向披靡。

　　唯一的小插曲便是數學考試。之前自己定的目標是一百三十分以上，數學是我最拿手的科目。看著整整八本錯題本，三本筆記本，以及裝訂好的一大摞卷子，我心裡想，我不考好了誰考好？帶著這樣的心態我走進數學的考

場，但是令我意外的是，題目異常的簡單！選擇填空，我僅僅用了二十分鐘就完成了。

可是簡單意味著什麼呢？

簡單意味著自己兩年來辛辛苦苦從一百一十分追到一百四十分的努力要因此白費了；意味著自己的優勢科目在高考中不再有優勢；意味著那些數學不好但其他科目好的同學會異軍突起；意味著我在高考這場戰役中失去了我最有利的武器，意味著我要用優勢並不明顯的三科來抗衡其他人的優勢衝擊。

那張數學卷子我做了一遍，又完整地檢查了一遍才算心安。所幸後來成績出來了，我考了滿分。無論如何，這也是算對自己三年努力的一個完美交代吧。

考完試的那天下午，我回到家裡，老媽已經把屋子收拾得差不多了。這個租了一年的房子就要換來它的新主人，另一個高三生，另一個家庭的夢想。

整理好所有的行李，我們準備回到自己的家鄉，那座我想念已久的城市——廊坊。

我激動地把手放在媽媽肩膀上，對她說：「結束了，真的結束了嗎？」

是啊，結束了。

真的結束了嗎？

那些你在這裡度過的日日夜夜，你在黑夜裡默默淌下的滾燙淚水，你在黎明前立下的信誓旦旦的承諾，你在課桌上刻下的字，牆上貼好的目標，手

掌心裡寫著的夢想。

都結束了嗎？

是的，結束了。

無論未來是何種結果，這一切，有關高三的，都結束了。

仍記得高考結束的那天晚上，我和哥哥聊了很久。我問他如果兩人都考不上北大怎麼辦？

他反問我：「敢一起重考嗎？」

我猶豫了，但我知道我不敢，更不肯。

我又問：「如果有一人考上了一人沒考上怎麼辦？」他沉默，沒回答。我們都知道，這將是最令我們難堪的結果，遠比兩人都沒考上要艱難得多。

我逗他說，如果我考上了，他沒考上，那麼我就帶著他的夢想，去燕園；如果他考上了，我沒考上，那麼從此我們兩人改頭換面，他叫苑子豪，我叫苑子文，我代替他讀北大。

哥哥問我你不覺得幼稚嗎，我說你不答應就不是哥。

好在命運青睞，我們一起考上了北大，未來還將同手同腳一起走下去。

知道成績那天我很興奮，打電話給親戚、老師、朋友，我在床上蹦蹦跳跳，激動地亂打滾，我抱著媽媽聽她哽咽，幫她擦眼淚，我很用力地抱著她，告訴她：「媽媽，我們倆做到了！」

那天晚上我睡得很少，大概是因為興奮吧。總在一次次地問自己這是不是真的，問自己是不是真的和雙胞胎哥哥一起考上了北大？好幾次忍不住跑

去煩哥哥，不停地問他，是不是，是不是。

哥哥不耐煩了就回一句，你別煩了。

他說我太誇張做作，明明知道是自己，還裝作一副茫然無知被天大的好事砸中了的樣子。我嘴上反駁，但心裡早樂開了花。這種幸福感太過於強烈，我一時沒法平復心情。一整夜我就一個人躺在床上，也不閉眼，盯著天花板發呆，腦子裡不斷閃現的是這一路來的點滴片段。

我記得高一剛入學的時候我考了第一百四十名，當初激動得不得了，下課後借了電話卡立刻跑去學校的電話亭裡打給爸媽。他們只是說，哥哥考了前一百名。不過我還是聽得出他們的開心。

那時候的我壓根兒沒想過自己三年後自己會是這個學校當年的高考狀元，天津市高考第五名，沒想過自己是拿過最多次第一的學生，更沒想過有一天自己可以考到一所名叫北京大學的學校。

我仍然記得當時我跑到年級主任的辦公室，問他我有沒有希望考上重點一本大學，主任說很有希望。我接著問如果考南開大學，有沒有可能。主任說，如果你真的想，就有可能。

那天晚上回去我想了很多，一所學校每年都會有人考狀元，也同樣會有人考墊底。為什麼平等的機會就要讓給別人，而不自己緊握呢？我這樣問自己。

也許就是在那個時候，一個小小的狀元夢被悄悄地種下了。

當得知我的分數確定考入北大沒問題的時候，我的心真的就那樣空了。

彷彿是在長時間緊繃的渴望和期待狀態下，忽然得到了裝滿美好之物的彩蛋，這之後的種種情緒都因為興奮而變得飄忽夢幻起來了。

我在黑暗裡反覆對自己說——我心愛的大學，我就來了。

時至今日我還記得媽媽單薄的身體依偎在我懷裡，她反覆問我：「兒子，這是真的嗎，是真的嗎？」

我也知道這真的不容易，雙胞胎，同時考上北大。我更知道，我們用行動證實了一句話——苦，從來都不是白吃的。

每個人有自己的人生模式，我、我們，都不是天生幸運的一類。因此辛苦和難過，是為了活得豐盛難免要付出的代價。然而就像深海的魚終其一生想要呼吸一口淺灘的空氣，望一眼太陽的光芒，有些事情，你此生不得不做。

如果你無法逃避你不喜歡的，那麼就試著喜歡你無法逃避的。

我總跟自己說，苦，從來都不是白吃的，所以我吃了比別人更多的苦，忍了比別人更多的痛，我值得擁有比別人更好的未來。

是啊，失望值得經歷，希望值得等待。

高考從不相信運氣，只青睞實力。為此，我們別無選擇，只能馬不停蹄。

我想，每一位英雄都必定要經歷一段孤獨的時光，也正是在這段獨自承受的日子裡，英雄淬鍊了意志，磨礪了韌性，所以英雄才是英雄，勝利不可阻擋。

那一段高三路，我走得很艱苦，我也不知道到底是什麼力量支撐著我一直走下來的，只記得這段路，我一直告訴自己——

過去屬於死神，未來屬於自己。

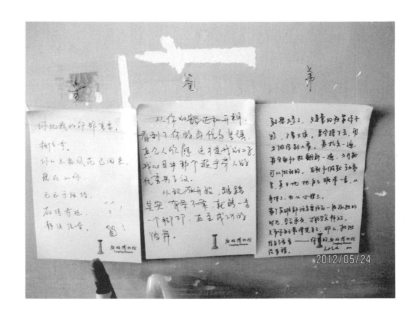

奮戰的英雄，從不孤獨。

走到哪裡都是最佳損友

　　上北大後，我發現大學與高中生活的最大不同就是，我和哥哥再也不能像以前那樣形影不離了。如今，我們在不同的教室上課，在不同的餐廳吃飯，在不同的宿舍樓睡覺。我不能在想他的時候抬頭就能看見他了，也不能在快速吃完自己的零食後去搶他的那一份吃了。

　　想他的時候，我就給他發個微信。有時候什麼也不說，只發個撒嬌的表情，那個扭著屁股的小兔子就成了我的專屬符號。

　　哥哥每次都會很敏感地回覆我：「說吧，又什麼事？」

　　「嘿嘿，這次不是找你要錢花啦，是想問問你能幫我去南門取個快遞嗎？我今天不舒服懶得動。」

　　……

　　更多的時候我們是在微博上互動。有次我收到了一份網友寄來的禮

物，是一個輕鬆熊圖案的拍立得，漂亮得不得了。

我趕緊發微博向他炫耀：「很久沒有收到禮物了，好開心，可愛的拍立得太有愛了。我該不該愛特大哥@苑子文炫耀一下？雖然我好像已經愛特了。」

正當我為自己的調皮搗蛋沾沾自喜的時候，誰知道他竟然這樣回覆我：「收到一個冰箱，真的好開心！八開門，太大了，手機照不下，也就不愛特你了，你那個小。」

看到這裡我就震驚了，馬上又寫了一段話回擊：「都十二點了還沒起？還做夢呢？最近太累了，辛苦辛苦。你一說八開門的冰箱我就想起了宿舍一進門那四個櫃子，每個櫃子都有兩扇門，放眼望去，八開正好。我都不用別人送，樓長阿姨早在我來前就給我配備好了。」

此話一說，把他噎得半天沒反應。

我們就是這樣，扮演著哥哥弟弟角色的同時，也是無論何時何地都嘴上不饒人的最佳損友。

平常他總喜歡在自己的微博下評論說：「二哥，求回覆。」

記得有一次我這樣回覆他：「本來我的回覆就少，你回覆就多，我怎麼可能給你增加一條回覆呢？除非我腦袋被核桃夾擠了抑或是腦袋被金龍魚調和油給1：1：1地灌了，否則你想多了。」

的確，哥哥的微博收到的評論總是比我收到的多很多，大多數人都更喜歡哥哥，這事總讓我有點不爽。有一次我收到這樣一條女網友發來的私信：

「哥哥好帥。」

　　中文真是博大精深啊，我反覆看了好幾遍，不確定她是想發給我哥哥但是發錯了呢，還是因為比我小所以稱呼我為「哥哥」，或許她真的就與眾不同真心喜歡我呢。雖然我看了看她的資料，確實比我小，這句「哥哥好帥」極有可能真的是發給我的，但我還是對此持懷疑態度！

　　於是我糾結了很久決定不回覆！並在以後和哥哥的合影中果斷把哥哥的臉都打上馬賽克。

　　其實關於喜歡哥哥的人總是比我多這點我總向媽媽抱怨，然後跟媽媽撒嬌說：「媽，您得多給我點錢，我好好打扮自己才能跟大哥差不多，不然長久這樣自尊心會被傷害，我會失衡發瘋的。」媽媽心軟，也好騙，總是護著我還多掏零花錢給我。不過這些都是瞞著哥哥的，誰會傻到告訴他呀。

　　寫這本書的時候，哥哥對我還算是態度良好百依百順。有時候我窩在宿舍寫一天，喊他來宿舍給我送飯和水果。我跟他說自己發燒了很難受，一天沒離開床了，等他拎著很多吃的一進我宿舍，我就立刻跳起來衝他嘿嘿地奸笑。

　　「謝謝啊。」

　　哥哥一看我這樣，二話不說免費送我兩白眼，外加一句「不客氣啊」，說完扭頭就走。

　　我們在為這本書做前期準備的時候總和編輯在一起腦力激盪，編輯幫我們拍了很多拍立得照片，打算簽上名送給大家。他自知寫字難看，所以苦練

了很久的簽名，我經常見他埋頭在紙上一遍又一遍笨拙地練習。

後來有網友發微博說我的字簽得比他的帥多了，我趕緊回覆網友：「我都沒好好簽就把大哥比下去了，誰說的字如其人？騙子！要是真的字如其人，那大哥得長成火星人的樣！」

發完這條微博後我暗自開心了很久，深深地被自己的「才華」感動了。

沒多久，哥哥就在微博上回覆我：「對！騙子！怎麼可能字如其人，你看你簽得這麼好！」

我氣得打電話去罵他，衝他大吼大叫，還逼他刪了這條微博，威脅他要打電話給媽媽告狀。後來想想自己最近略有些「消瘦」的錢包，我又沒骨氣地讓步說：「不刪也行，補償我一些精神損失費算了。」

正是因為知道不會生彼此的氣，所以我們倆開起玩笑來總是大膽又放肆。有次我去他宿舍看望他，買了一袋零食，到了他宿舍發現他不在，電腦打開著正處於休眠狀態。我一時好奇，就想看看他稿子寫到什麼程度了。打開文檔後發現他原來在稿子裡這樣寫我——「二又慫，霸道還傻，無理取鬧，沒大沒小。」

一怒之下我猛刪了他好幾百字的稿子，點擊保存後拿著本來是要送給他的零食起身離開。剛走到門口，又覺得這樣還是便宜他了，馬上回頭把他宿舍搜刮了遍，把他的零食和飲料統統裝在了袋子裡拿走了。

事後哥哥臉色鐵青地收回了給我的備用鑰匙，不過他一定還不知道我早就配過好幾把了。

當然，我也有被他欺負的時候。有一次網友提問說週末要和我去錄什麼節目，他就回答說帶著我去錄製《動物世界》；有網友說她昨晚夢到的居然是我而不是哥哥，這很不科學啊。哥哥便回覆人家：「是不是白天壓力太大了，總做惡夢？」

所以我也總是對他毫不客氣，當有人問我高考後的那個晚上在幹什麼，我毫不猶豫地回覆：「想想高考究竟能比大哥高多少分。」

嘴賤但情深的我們就這樣用生命互損著走過了很多共同的歲月，我不知道我們的彼此幽默還能默契到什麼程度，但是我能確定的是，我希望它能堅持到永遠。

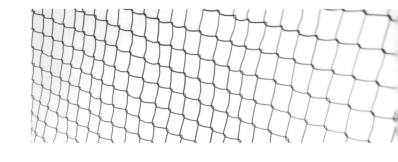

願我的世界
總有你二分之一

高考這條路上，鐫刻著我們共同的回憶和情感，但我想講講我們不一樣的故事。
那一年，我們十九歲。

願我的世界
總有你二分之一

高考從不相信運氣，只青睞實力。
為此，我們別無選擇，只能馬不停蹄。

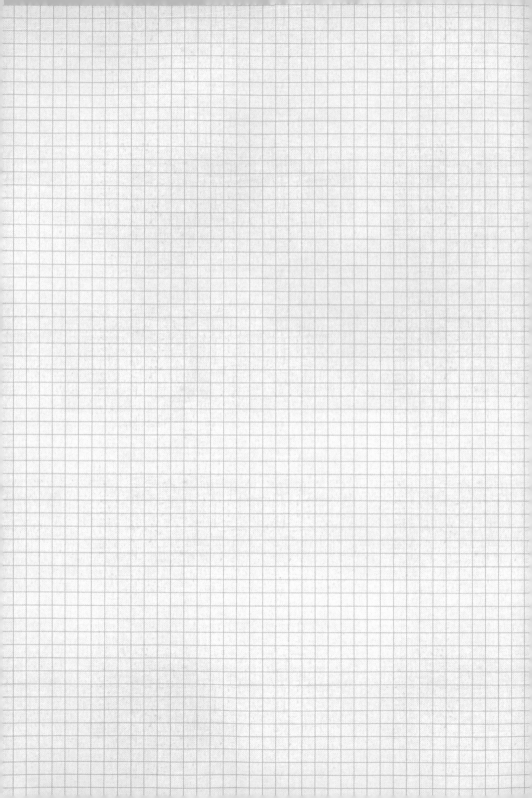

2

同手同腳同走下去

二十年前，我們倆狹路相逢誤打誤撞成了兄弟。
二十年裡，我們倆吵吵鬧鬧既是玩伴又是對手。
二十年後，我們還要像這樣同手同腳同走下去。

不論我走得再遠，只要擁有這樣的愛，

我就擁有了征服世界的最強武器。

子
文

子
豪

這世界從不缺乏傷害、欺騙和背叛，

但也正因此，家才顯得格外溫暖而親切。

子文

一輛自行車，兩個小朋友

願我的世界　總有你二分之一

　　小時候家裡的生活條件不比現在，養一個小孩已經很吃力，再加上子豪這個「買一送一」的來湊熱鬧，爸爸媽媽就要拚命上班掙錢，下班還要賣啤酒、倒水泥，做一些小生意來補貼家用。

　　上小學的時候，媽媽總是起得很早。不僅要換著花樣給我們做早餐，還要盯著子豪把他最不喜歡喝的牛奶喝掉，以防他軟磨硬泡趁媽媽不注意全倒給我。然後要找好衣服看著我倆穿好，再騎著自行車載我們去上學。

　　一輛自行車，兩個小朋友？是的，媽媽總是最有辦法的。她總要先載一個騎出去一段距離後，再回來接另一個。那時我們經常搶著要先坐媽媽的車，每次我被載的時候，子豪要嘛就是坐在地上雙手托腮皺著眉，要嘛就總是故意走得很慢很慢，希望能少走一段距離。

　　那時媽媽的眼神讓我期待又難忘——她不放心我們當中的任何一個人走

在後面，於是她每每騎出去一段距離，總不放心地回過頭來看看落在後面的小孩，彷彿一個要載在身後，一個要載在心裡，哪個也不能離開她半步。在要拐彎的地方，媽媽要先放下車上的那個，回去接另一個，她不放心任何一個孩子消失在她的視線裡。有時候弟弟哭鬧著要媽媽先載他，他就真的是坐在地上撒潑耍渾，我都怕丟人，趕緊扶他起來，讓媽媽先載他。他一聽我這麼說就立馬站起來拍拍屁股上的土，說：「哥下次你主動點兒讓著我行不？一點兒都沒當哥哥的樣兒，我要是你哥，我每次都讓你，真是⋯⋯」擺擺手教訓過我之後，他就美美地坐上車揚長而去。而我每次都在他走遠後，氣得在後面踢石子，邊踢邊唸叨著「苑子豪是大壞蛋」。

媽媽騎回來接我時累得直喘氣，卻還是溫柔地告訴我不許和弟弟鬧彆扭。我坐在媽媽的車後面，小手摟著她的腰，看著她一前一後、一傾一斜地

騎著車，嘴裡還叮囑我要好好聽課。我抬起頭，看著我瘦小的媽媽咬著牙頂著風，發現她為了照顧我們兩個吃了太多別的媽媽沒有吃過、也不能吃的苦，我不好意思地小聲說：「媽媽，以後妳先載弟弟，我不跟他搶了，妳別生氣，行嗎？」說完我抬起頭看見她因為笑而隱約凸起的顴骨。陽光很溫柔地貼在我和媽媽的臉上，這位每日奔波在風中的母親一邊喘著氣用力騎著車，一邊笑著說好。

那段去往學校的路上，不知道媽媽曾經載著我們走了多少個來來回回，度過了多少個春夏秋冬，給過我多少個充滿愛意的回望。

直到如今，當我走在路上看到有母親載著孩子去上學，都會不自覺地停下來，目送。有時候我站在他們後面，竟有一種錯覺，就像是當年期待著母親的回眸一樣，目不轉睛地張望著她的背影，久久地，張望著⋯⋯

子文

媽媽愛偏心

　　一直以來，媽媽對我的期望都很高。可是我從小都不如弟弟，在他加入少先隊的時候，我只能在家裡偷偷戴戴他的紅領巾；在他已是班長的時候，我才剛剛當上小組長；在他的作業被貼在牆上展示的時候，媽媽卻因為我被叫到辦公室聽老師數落我的字跡太過潦草……諸如此類的事情，在我的成長中一遍又一遍的發生。而我也在「哥哥不如弟弟」的議論中，慢慢失去了上進心。媽媽替我著急，她希望我們一樣優秀而不是一枝獨秀，她希望我能端正態度迎難而上而不是自暴自棄甘為人後，但是當時那麼小又那麼幼稚的我，對於她那些苦口婆心的勸說，都只當是她嫌棄我不如弟弟的藉口。

　　每次看著弟弟蹦蹦跳跳地在爸爸媽媽身邊講學校發生的趣事，我就故意走得很慢跟在後面，擺出一種被冷落拋棄的可憐狀。細心的媽媽總能很快發現我沒跟在身邊，回過頭來拉我的手，可我總是覺得委屈，倔強地掙脫她，

硬要一個人走在後面。

　　碰到犯了錯誤要被懲罰的時候，弟弟總是嬉皮笑臉地向媽媽求饒，說些可憐話保證以後不再犯錯。媽媽心軟，看他態度誠懇就放他一馬。而我從小就不會討好媽媽，每次被訓只會把頭撇向一邊，瞪圓了眼擺出一副又恨又不服氣的模樣，媽媽氣得要打我，可越是挨打我越是不服，口中喊著不公平，喊著「媽媽妳偏心」。

　　記得有一次，我們和媽媽坐在床上玩紙牌。那一輪我的手氣特別好，而弟弟的牌很爛，媽媽見此情況便故意放水，讓弟弟多走幾張牌。我一邊叫喊著不公平，說媽媽總偏袒弟弟，一邊把紙牌扔了滿地。媽媽生氣了，說我沒有肚量，剛教訓了我幾句，我用力一腳將她踢到了地上，摔倒在地的媽媽哭了，我嚇壞了。我以為媽媽會大發雷霆，沒想到的是她起身抱著我說不要再以為她偏心了，媽媽對兩個兒子的愛一樣多，甚至更愛我，不管我是不是一樣優秀。我在她懷裡愣了好久，其實直到現在我都非常後悔，後悔最後我還是掙脫媽媽的懷抱，後悔扔下那句「妳就是偏心，妳就是喜歡弟弟」。

　　那大概是我們母子之間最劍拔弩張的一段日子了吧，至今想起來還為自己當初的幼稚和偏激感到可笑。那段日子，爸媽隔一陣子就要問我還認不認為他們偏心弟弟，我心裡不得不承認父母對我付出的那些無微不至的愛和關懷，嘴上卻還是說著反話，想藉此機會得到更多的愛和特殊的關懷，每當這時，他們就都要摸摸我的腦袋說，臭小子，還要我們怎麼寵你啊？

　　其實我知道，在我不如弟弟優秀的時候，爸媽其實給了我太多太多的鼓勵和讚揚——每當和外人出去吃飯的時候，爸媽都要說我更懂事，長得也

比弟弟周正。而每當外人問起我，爸媽是不是更疼小兒子的時候，爸媽總是搶先一步說他們更喜歡老大。我在這種自我否定和爸媽肯定的氛圍之下成長著，直到有一天，我自己也足夠優秀到自信滿滿，我再也不認為爸媽不公平或者偏心。

其實，連我自己都記不得是從哪一天或者哪件事之後我開始改變對父母的看法，開始承認他們一直在一架天平面前小心翼翼地經營著自己的愛，開始不再無理取鬧或者爭吵著想要得到更多的關懷。

現在看來，誰更加受寵愛早已不再那麼明顯或者重要，就像是我們對於父母，一定有一個讓我們更願意吐露心底的小秘密，也一定有一個是我們受了委屈就第一個想起的人，但我們對他們的愛難道也要分孰輕孰重嗎？答案自然是否定的。

小時候自己全部的幼稚和固執，在長大以後回看時就覺得當初怎麼那麼矯情。我生活在這樣一個家庭裡，弟弟從小調皮囂張，老把自己當小孩兒看，而父母或多或少都會更遷就他一些，任他好吃懶做不愛幹活兒，任他耍小孩子脾氣驕橫跋扈，任他無理取鬧地欺負我這個當哥哥的，當然最常用的的理由就是「他小，讓著他點兒。」所以我曾經心態失衡過，不滿憤怒過，甚至內心陰鬱過，但終究是走出來，並加入了爸爸媽媽偏心疼愛弟弟的隊伍中去。我也開始有些沒原則地寵著弟弟，永遠維護他不讓他受一點批評或者懲罰。

這樣的直接結果就是導致子豪欺負我欺負得更名正言順不加節制了。

男神爸爸

　　與媽媽的溫柔慈母形象不同，爸爸則一直在扮演硬漢，有什麼心事都不和我們講，再加上平日裡我們的生活瑣事、飲食起居幾乎全是媽媽一手包辦，我和弟弟也因此和媽媽更加親近。有時候媽媽開玩笑，問我們是更喜歡爸爸還是更喜歡媽媽，爸爸總是會默默低下頭或者轉移話題，他甚至都不願意等那個他已經猜到的，毫無懸念的答案。

　　可隨著時間的推移，尤其是高中和大學我與子豪離開家到外地去讀書，回家的次數越來越少，爸爸也一改以往的硬漢形象，有時候他會主動給我們訂好車票讓我們回家看看媽媽，其實我知道，是他想我們了；我每次給家裡打電話都是打到媽媽手機上，爸爸就讓媽媽開免持聽筒，在一旁靜靜聽我說些生活瑣事，當我聽到電話那頭熟悉的笑聲時，會猛地鼻子一酸。

　　還記得爸爸媽媽第一次送我們去北大報到的時候，我們死活不讓父母送

進宿舍，覺得自己已經是大學生了，可以打理好一切事情。在校門口拿好了兩大箱行李跟爸媽告別時，媽媽嘮叨了很多已經囑咐過好多次的話，我偷瞄爸爸的表情，覺得他有話要說卻欲言又止，我張開口主動問：「爸，有啥要囑咐的沒？」

爸又猶豫了一下，磨蹭了半天，最後終於開口：「兒子，要不爸媽進去幫你們收拾一下行李？」

「爸，您就放心吧，肯定沒問題。」我像攬兄弟一樣地不動聲色地把手臂搭在他的肩上，突然間發現原來爸爸已經矮我一個頭了。

「好，一切順利。」

突然感覺，我真的長大了。彷彿就是一夜之間，爸爸不再像對待小孩子一樣寵愛我們，不再會因為擔心我們無法處理好各種事情而像過去那樣事事親力親為，而更多的是以一種男人和男人之間平等的關係來給我們鼓勵，給我們力量。

所以我知道他其實是鼓起很大的勇氣，才開口問我是否需要他們為我們打理宿舍。我知道他還想像呵護小孩子一樣，為我們打點好一切，可他卻又比誰都清楚知道，有些愛和關懷，在適當的時候也應該適可而止。

從小爸爸在我們心中就是不可挑戰的權威。他曾在北大進修過一年，長得又帥，在我和小豪眼裡，爸爸可一直都是當之無愧的男神偶像。

不過隨著我的成長和成熟，爸爸開始更多地聽從我的想法和意見。這也是我第一次隱隱意識到，也許很快，有一天，我會從爸爸那兒接過為全家人擋風遮雨的重擔。

有爸爸這個超級模範在前，還有小豪這個萬年小孩在後，我一點也不懷疑自己就是完成這個重要任務的唯一人選，也十分確定自己一定能成功完成任務。偶爾想想，在忐忑之中，我心底甚至還有一些期待。

我們家沒有虎媽狼爸

子文

在「虎媽」「狼爸」的棍棒式教育像一場流感般席捲中國的當下，彷彿作為學生都必須背負著一副十字架，深陷「考不上考不好就毀一生」的尷尬處境。

也許很多人會好奇，到底是怎樣的父母能教育出一對考上北大的雙胞胎，是不是家教甚嚴的書香世家？是不是我們從小就穿梭於各個輔導班不留一絲空閒玩耍？

每次被這麼猜測的時候，我都會忍不住噗哧一聲笑出來，因為我們倆的實際情況與這些猜測實在是大相逕庭，真怕說出來顯得沒有說服力。

說實話，我們爸媽的學歷都很普通。這麼多年爺爺也只是希望家裡能出個大學生，一了心願，根本沒想過要我們考什麼明星大學，更別說是北京大學。我爸媽的教育方式是廣受爭議的「放羊式」，他們選擇完全放手讓我們

自己面對學習上的各種問題。

　　不過他們倒是有一套獨特的理論——如果真的在學習上有進取心，再怎麼貪玩也能把握好輕重緩急的分寸；如果只是應付敷衍，家長再怎麼逼迫也是徒勞無獲。

　　不得不說在教育孩子這方面，我爸媽有一種難得的睿智和默契，或者說是他們有一種難得的開明和遠見。他們很注重培養我和弟弟的上進心，因為在他倆的觀念裡，男孩子一旦有了想爭先的欲望，自然會不待揚鞭自奮蹄。而他們真正教會我倆的，也是發自內心地去熱愛自己做的每一件事，要做就要盡力做到最好，絕不輕言放棄。

　　所以從小他們就不阻止我打遊戲或者和小朋友玩，有時甚至還會用「勞逸結合」主動為我的懶惰找個漂亮的藉口。

　　從小學開始，我和弟弟的學習就完全是自理的狀態，回到家無論是先看電視還是先玩電腦，爸媽從來不管，因為他們相信我倆一定會按時按量地完成學習任務，就像相信我們一定愛吃炸雞腿和玩遊戲一樣自然。

　　我和爸媽都認同一件事：父母的愛，不是溺愛，也不是放縱，更不是不在乎，而是相信、肯定和支持。

　　雖然從小我們倆的自覺自律總讓身邊的大人們讚歎，但畢竟我們都還是孩子，對這個世界有太多好奇，懈怠和懶惰也是常有的事。

　　小時候，我經常逃畫畫課和硬筆書法課，被他們發現後，他們問我到底想不想學？有沒有考慮清楚？後不後悔？我那時貪玩，說自己不想學了，他們就為我退了課。儘管後來我自己悔得腸子都青了，但是爸媽說為了讓我長

記性，是值得的。事情雖小，卻總是提醒我，學會為自己做的決定負責，成敗自負，不能像孩子一樣耍賴撒嬌。

再比如，儘管我們從小就功課好，但是玩心卻和其他男孩子一樣重。小學時我們迷上一款網遊，之後就一發不可收拾。每個週末都提前完成作業，然後在電腦前拚搏廝殺，不論晝夜。到了假期更是每天早上六點起來打遊戲，中午也坐在電腦前隨便吃一些東西，一動不動一直玩到晚上爸媽下班。有時候我也懊悔自己的沉迷和無法自拔，但好在沒有深陷進去，上了中學，學習時間變少了，我主動把遊戲刪了，直到暑假有時間了再下載出來玩一玩。

就這樣，在來來回回不知道把遊戲刪了又下載多少次的過程中，我學會了在掙扎和猶豫中做選擇和取捨。印象頗深的是，中考結束後我第一個奔出了校園，到報刊亭買上六張遊戲卡、兩瓶冰鎮雪碧，一回家就開始下載心癢已久的網遊。但我始終慶幸的是，在這段網遊人生中我一直保持著清醒的頭腦，並沒有因為貪玩遊戲而荒廢學業。

爸媽從沒有逼過我做任何事情，一切都是只給我成年人的意見和經驗，然後讓我自己權衡利弊，做最後的決定。我們這種平等民主的氛圍在日常生活中更是處處可見——比如，我學著爸爸朋友的叫法，與父親兄弟相稱，我叫他「光哥」，叫媽媽「光嫂」。我爸媽心態極其年輕，從不在乎這些，反而還覺得挺有意思。

我很難用隻言片語描述出我們家特殊的氛圍。上高中時，爸媽直到高三才來天津陪讀，高一高二兩年的時間裡，他們來看我們的次數不多，除了對

我們滿滿的支援和鼓勵之外，幾乎沒有什麼別的要求。上大學後，爸媽總是希望我們每週能都回家，每次我們因為學校有事而不得不爽約的時候，他們倆就要打電話來噓寒問暖，開著免持聽筒，兩個人就像孩子一樣在電話那端爭著多說兩句話，可愛極了。

或許這是屬於我們獨特的成功祕笈，那就是不去執著於成功這個虛無的定義。爸媽願意放手讓我們出去拚搏，也願意在背後給我們永不退卻的守候。他們的要求永遠不是強制性的，但我們總會為自己也為他們努力做到最好。父母的愛，讓我在每一次誘惑難抵時克制自我，讓我在每一次失魂落魄時重整旗鼓。不論我走得再遠，只要擁有這樣的愛，我就擁有了征服世界的最強武器。因為我知道，在我迷茫、困惑、憂傷、碰壁之後，他們還在原地。我一轉身，就能看到他們。

在他們眼中，就算我爬得再高，跌得再慘，我永遠都是他們愛憐呵護的稚子，跋涉天涯亦還是行在他們背脊上的旅人。

慫哥哥手術驚魂記

小時候的我很慫（意指膽小）。

記得有一次我要動手術，那時的我對手術沒有任何概念，只是每次一想到將要有刀片在我的身上割開的時候，就覺得恐怖和害怕。

手術當天，在去醫院的路上，媽媽一直跟我說話，讓我不要害怕，可我什麼都沒有聽進去，縮在車子的一角，子豪見了就說：「哥，你真慫，你很怕對不？」我坐直腰板，清清嗓子，說了此生最尷的一個字：「是。」

臨進手術室的時候，我換上鞋，告別父母。像一場生離死別的儀式，我故作輕鬆地抱著媽媽說我不害怕。我努力睜大眼睛強忍著不讓眼淚流下來，恐懼佔據了我幼小的身體。我鼓起勇氣，剛要張嘴，弟弟就站在爸媽後面說：「行了哥，別墨跡（意指婆婆媽媽、不乾脆）了，快進去吧，我還沒吃早飯呢，肚子好餓。」

每次都是這樣，每一個愛煽情的哥哥身後永遠都有一個愛拆台的弟弟。

飛快地說完，「我不害怕，一會兒就出來。」我轉身跟醫生走了。那是很長很長的一段走廊，我的手術室在最裡面一間，我走著，靜得能聽到自己的呼吸聲和心跳聲，可我沒有回過一次頭，心裡反覆告訴自己，我是要保護媽媽的男子漢，不能害怕，不能回頭。

手術台上，我反覆問醫生一個問題：「打了麻藥就真的不疼了嗎？」

醫生顧不上回答我的弱智問題，忙著在我手上找血管，找了半天她歎息說：「你怎麼這麼多肉，手上血管都找不到。」我正欣喜，以為不用繼續做手術了，醫生看懂我的小心思，「小子，把腳伸出來。」於是我人生中第一次打麻藥就奇葩地打在了腳上。

手術結束後，我在吊點滴，下半身還沒有完全擺脫麻藥的作用，整個人暈乎乎的。弟弟就輕輕地趴在我的腳上，眨巴著他圓圓的大眼睛問我：「哥哥你疼嗎？」

我搖了搖頭。他又問：「那哥哥你餓嗎？」

我心裡正欣喜，這傢伙總算良心發現，我又搖了搖頭，感動得熱淚盈眶。誰知弟弟特別高興地笑了，說：「太好了，哥哥，你不疼也不餓我就放心了，那我把這些吃的都拿走了。」然後他爬到床邊開始挑那些叔叔阿姨來看望我的時候帶來的零食。拿走了大部分零食，留了一輛小汽車在我枕邊。臨走前他說：「謝謝哥哥，這輛小汽車會替我陪你的。」

走到門口，他又轉過身來呵呵傻笑了兩聲：「哥哥不要太想我，吃完這點兒零食，我還會回來找你的。」

子豪

胖子都是潛力股

　　小時候因為爸媽上班忙，白天就把我們放在爺爺奶奶或姥姥姥爺家。

　　說起我家的這四位老人，那便是有關於兩個被寵壞的胖子的幸福故事了。

　　奶奶如今已年近八十，每次她想我和哥哥了，還是會一個人跑去商場買零食，買回來放在家裡那個比我歲數還大的櫥櫃裡。薯片、果凍、餅乾、乾果，全是小時候我和哥哥最愛的零食，一樣不落。

　　而爺爺則是把自己當年對大學的渴望都寄託在了我們倆身上。每次爺爺給我們打電話的時候都會反覆叮囑「有什麼疑難問題一定要主動找老師問清楚」、「注意身體的同時不能放鬆學習」這類的話，還總給我講一些俗套落伍的學習方法，為了不讓他老人家難過，我只好敷衍著都答應下來。有時

候爺爺話說多了奶奶會趕來拆台，奶奶最愛說的話便是：「這些我孫子都知道！」每每這時我就會撲進奶奶懷裡撒個嬌，然後用力在奶奶臉上親幾下說：「還是我奶奶好。」

撒嬌裝可愛這種事我好像生來就會，我的討喜水準之高和賣萌技巧之嫻熟相比哥哥那個天然呆，簡直一個天一個地。所以我毫不懷疑奶奶最喜歡的一定是我，雖然這麼多年了她從來分不清我們倆誰是老大誰是老二。

姥姥從小就特別疼我們，每次趁她睡覺，我倆和表哥就在家裡瘋鬧，三個小人光著身子在屋裡追著打，往沙發的靠背上站比拚平衡力，玩具玩膩了就扔得到處都是，窗簾和牆壁都被弄得髒兮兮，姥姥醒來就跟在我們屁股後面收拾，偶爾嚷嚷幾句嚇唬嚇唬我們。

姥爺愛抽菸，愛喝酒，每次一家子聚一起吃飯的時候姥爺都要親自下廚，給我們炒永遠也吃不膩的辣子雞丁和番茄炒蛋。在姥爺的帶領下，我們幾個小傢伙養成了很多有意思的習慣，比如表妹吃飯要放很多老乾媽辣醬，表哥吃白飯的時候則要在米飯裡放很多鹽。

小學二年級以前，我們倆都特別瘦，媽媽總擔心我們營養不良，耽誤長高，所以就讓老人家們一定把伙食弄好。姥姥家的招牌菜就是燉肉，每次吃飯都得吃燉肉，肥瘦相當，大油大香。奶奶家也是一樣，但因為在奶奶家待的時間長，所以我們總把長成小胖子的錯都怪罪在了爺爺奶奶身上。

那時候，每天我們清早上學前，爺爺都要先騎車去熟絡的早點店裡，親自給我們煮餛飩。爺爺知道我們愛吃什麼不愛吃什麼，蝦皮不放，紫菜要多些，兩勺乾辣椒，再放一小勺肉湯，火燒夾肉要純瘦肉，一小勺熱燙燙的肉

湯，再多加些青椒。差不多我和哥哥走到早點店的時候，爺爺就把餛飩端上來了。然後爺爺就站一旁看著我倆吃，兩個小胖子吃得滿足極了，爺爺就也跟著傻笑起來。

除了早飯，每天爺爺奶奶準備的飯菜也都可口極了，肉、菜都有，營養均衡，所以很快就把我們倆餵成了小胖子。奶奶更寵我們，只要我們在家，冰箱裡就永遠有冰鎮好的飲料，雪糕更是一年四季不間斷。類似薯片、糖果這類讓人發胖的零食，奶奶更是準備齊全。

我和哥哥的體重一直飆升，最胖的時候哥哥有八十五公斤，我有八十公斤。那時候我們胖得連臉都是立體的，側臉和正臉一樣大，真是難以想像。每每坐下來，肚子都會像千層餅一樣，擺出好幾層，有時候吃飽了飯，摸摸肚子，自己都害怕。

那段時間裡幾乎沒有女孩子喜歡我們，僅僅憑藉不錯的成績在年級有點小名氣。那段時間裡我還討厭上體育課，反感任何和運動有關的事情，討厭夏天，害怕出汗。我最不愛聽別人叫我們小胖子，即使說的是小胖子真可愛。

我曾覺得有哥哥跟我一起胖一起醜特別好，反正沒對比沒真相。不過偶爾一想還挺擔心的——如果有一天他不胖了變得比我好看很多怎麼辦？自此以後，每次吃飯我都是把碗裡剩下的米飯倒在他碗裡，假裝撒嬌說哥哥我吃不下去了，胃口不好。哥哥老實，不浪費糧食，就替我吃了。每次吃燉肉的時候我都會給哥哥多夾幾塊肥肉，油膩膩的，還勸哥哥說這個肉特別好吃。

沒想到，後來我們一路胖到了高中，最不喜歡逛街買衣服，試什麼衣服

都沒號，有號了穿上又特別難看，所以我現在覺得小時候的衣服凡是買下來的，都是真極品。

更沒想到的是，我們在艱苦的高中三年竟然不知不覺地一起瘦了下來。從高一開始，每兩週放一次假，每次放假回家，都能驚奇地發現又掉了幾公斤肉。慢慢地，我們開始發生了人生第一次明顯的變化。逢人便會聽到讚歎，是的，胖子都是潛力股，總有一天會漲停。

瘦下來的我們體重趨近於六十五公斤，整個人就像是變了個樣，事實也證明了哥哥果然比我更討女孩子的喜歡。

這件事讓我苦惱至今，悔恨當初下手不夠狠，早知道就多剩下一些米飯和肥肉給他了，不然哪還有他今日風光的份呢。

小時候，我們倆一起發胖，在每頓兩碗米飯和炸雞燉肉的供養下，
我們都是小胖子。

那時候我們胖得連臉都是立體的，側臉和正臉一樣大。
現在回頭想想都覺得害怕。

願我的世界
總有你二分之一

沒想到我們在艱苦的高中三年竟然不知不覺地都瘦了下來。
是的,胖子都是潛力股,總有一天會漲停。

我曾覺得有哥哥跟我一起胖一起醜特別好，反正沒對比沒真相。
但是，如果有一天他不胖了，變得比我好看很多怎麼辦？

欺負慫哥哥的熊弟弟

有有時候也説不清哥哥是真傻還是假傻。

小時候我們兄弟間的打鬥是常事，記得有一次我把哥哥的腦袋撞向木頭門的邊緣，當時他的頭就腫起來一個很大很大的包。哥哥好強，並沒哭，最後媽媽象徵性地打我幾下，表示替哥哥報仇了。

媽媽説哥哥傻，其實我也早這麼覺得了，每次打架，他都被我撞出個大包來，還老樂此不疲地跟我打。他又不敢使勁打我，又不能不跟我打著玩，所以結果永遠都是——他不打我，只有我打他。

還有一次我倆在床上折騰，你一拳我一腳的，哥哥突然拿起被子蓋在我腦袋上，我一著急，一腳就把他踹下床去。點背的他腦袋著地，磕在那塊常被撞到的地方。媽媽急了，把我狠狠收拾了一頓。我看著一旁偷笑的哥哥，還有他腦袋上頂著的大包，沒忍住笑了出來。

後來媽媽把我教訓哭了，說這樣很危險，老磕腦袋會把哥哥磕傻的，如果哥哥傻了就沒人陪我玩了。我很害怕，也一下子變得老實很多。我一個人到陽台坐著去，手裡捏著塑膠的小玩具。

　　沒多久哥哥就坐在我身邊，我哭著問他：「哥，你疼嗎？」

　　他扭過頭看我，摸摸自己頭上的大包，皺著眉頭說：「不疼，你別哭。」

　　我一看，他明顯是強忍著痛說自己不痛，想到媽媽剛才說的腦袋多磕幾次人會變傻，我忽然懷疑他是不是已經傻了。

　　所以那之後，哥哥每次犯傻，我都在猜測，是不是我小時候闖下的禍根。

看看我們的小時候，誰是小可愛誰是天然呆，一目了然。

你吃過的苦，他們也吃過

從有記憶開始，爺爺就好像總是在我們身後追。小時候我們剛學會走
路，爺爺怕我們摔倒，他在後面追；大一些時，爺爺知道我們淘氣，怕我們
闖禍，他在後面追；長大了，我們兄弟倆離家到異地求學，他不放心我們兩
個人單獨在外，他在後面追。

不過這次，爺爺從河北追到了天津，照顧了我們一整年。

這個時候是高三了，爸媽給我們在學校附近租了一間房子，之前我們寄
宿在一個老師家裡。但是到了高三，爸媽想讓我們更專注一些，所以就自己
租了房。新租的房子很簡陋，兩房一廳，不到三十坪，傢俱簡單，空調也只
有客廳和我們的臥室有，洗澡的設備是需要插電燒水的那種舊式鍋爐。

每天早上，爺爺悄悄走進我倆的臥室，叫完我的名字就喊哥哥的名字，
直到把我們都叫醒。這個時候爺爺已經準備好早餐了，有時候是在家裡炒的

蛋炒飯，爺爺從外面買來的豆漿，用微波爐加熱好，等我們洗漱完畢後立刻就可以吃。

有時候蛋炒飯吃膩了，爺爺就煮雞蛋麵，配燈籠辣椒醬，端上來的時候熱氣騰騰，正好暖胃。又或者在外面的早點店換著花樣買，一來二去，爺爺和賣早點的大姐都熟悉了，不用問就知道不加蔥花多辣醬，雞蛋半熟就正好。

爺爺有個原則，那就是我倆放學進門必須吃上飯，這樣可以給我們節省時間。從放學到回家吃完飯，基本上我們只用二十分鐘。壓力大了就愛多想，那時我總想趕緊逃離這黑暗的高三，想約一場說走就走的旅行，想與這堆疊如山的試卷永久道別，想直接飛到遙遠的未來等現在的自己。

可那真的也只是想想罷了，畢竟我還活在高三。

想想看，誰的高三不痛苦？

在這段痛苦的時光裡，同我們一起受難的，還有爺爺和奶奶。

十月初，奶奶也跟著過來陪讀了，和爺爺住在一個房間裡。奶奶晚上睡覺時會打鼾，而爺爺怕這樣會打擾我們念書，於是就把房門關得緊緊的。但是一關門空氣不流通，奶奶就老咳嗽。

奶奶晚上咳嗽得厲害，難以入睡，奶奶怕打擾我們就一直忍著、憋著、心裡委屈著。我是後來才知道的，之後每天晚上臨睡前我都會把爺爺奶奶的門推開一點留點縫，好讓空氣流通。等到早上，再偷偷跑過去把門關上。

奶奶也怕愛看電視的爺爺耽誤我念書，所以每次中午吃完飯，當爺爺看央視新聞的時候，奶奶都會讓他把電視的聲音調小點，別吵著我們念書。起

初，我偶爾從臥室出來去洗手間，總會看到爺爺站在電視機前，站在很近的位置看新聞。我問他怎麼站那麼近，是不是眼鏡不好用了，爺爺就笑著告訴我剛吃完飯，站著消化消化。我也跟著傻笑，說爺爺跟奶奶一樣，怕長胖，說完就笑著回屋念書了。後來我才懂，是爺爺把聲音調得太小了，聽不清才站在電視機前看電視的。

還有幾次，我在臥室裡念書，聽到客廳的爭吵聲，原來是奶奶在說爺爺看電視的聲音太大了，爺爺爭著說已經調小了。

我一邊愧疚著，一邊覺得溫暖，這種被保護的感覺真好。這讓我始終相信我不是一個人在戰鬥，而是滿載著家人的愛。

其實，爺爺奶奶在天津住得並不習慣，尤其是奶奶。個性活潑的她因為不熟悉天津的環境，不能再像以前在老家一樣，經常出去跳秧歌、逛公園、逛超市。樓下老太太們打的麻將奶奶也湊不上熱鬧，所以每天我們上學去了，她就只能在家看電視。實在閒不住了，就不停地晾被子、拆洗床褥。

後來媽媽給奶奶找來很多硬紙板，奶奶說她可以疊紙盒玩，疊好了吃飯時候正好裝垃圾用。閒置時間奶奶總疊紙盒，一無聊了就疊，一疊就疊好幾摞。到現在，家裡還有沒用完的紙盒。每次我吃飯拿出這些紙盒，就會想起奶奶，和那段與高三有關的時光。

還有段時間，我下午上學前，總會看見奶奶一個人在沙發上睜著眼躺著。我就問她怎麼不回屋睡覺，奶奶說睡不著，平常沒有午休的習慣。

上學路上我就忍不住地想，一個愛美愛玩的八旬老太太，為了我們，來

到這裡，像被關進籠子的鳥，孤獨無聊，真是教我難受。

我們的房子條件惡劣，夏天炎熱，空調並不是特別好用，冬天的時候屋子裡又特別陰冷，凍得不得了。爸媽運來兩個電暖氣，再配上租房附的暖氣，屋裡還是很冷。

爺爺怕冷，睡覺時被子蓋得多，手也不伸出來，全藏在被子裡。兩個老人，身體縮在厚厚的被子裡，都只露出一個腦袋，每次看了都教我心疼。

他們看到我過來時又笑得很開心，並輕聲囑咐：「早睡，別念得太晚。別著涼。」

十二月往後天氣越冷。早上起來廚房都凍得結冰了，窗子上全是堅硬的冰，什麼都看不清。爺爺早上還要早起，就披件厚厚的大衣，進廚房做飯。廚房沒有熱水，要知道在大冬天裡，用冷水洗菜洗碗，有多難受。

有次奶奶給我端雪梨湯，我看見她手上貼的都是膠布，我問她怎麼了，奶奶說天太冷，手凍得全是裂縫，不過天氣冷，血都不怎麼流，就能被凍得止住了。我聽了心疼到不行，真想讓爸媽趕緊把爺爺奶奶接回老家好好過個冬天。

天再冷些時，地上也開始結冰了。奶奶不知道，有天大早上進廚房，一不注意整個人摔倒在地上，仰面朝上。爺爺趕緊把奶奶扶起來到床上歇著，怕耽誤我們上學，什麼話也沒說就趕緊回廚房做早飯。我起來時候就覺得不對，每天都是兩個人一起忙活著做早飯，怎麼今天就一個人了？

我去奶奶房裡看她，她跟我說昨晚沒睡好，今天起不來了，懶得動所以索性就讓爺爺一個人去做飯吧。我給她老人家掖掖被角，親她臉頰一下，告

訴她：「奶奶，再睡會吧，肯定是太辛苦，太累了。」

那天中午回來時發現奶奶走路不便，我幾經詢問才知道實情，趕緊給爸媽打了電話。好在奶奶身體好，很快就恢復過來了，並無大礙，且摔得時候幸運，沒撞到腦袋，否則後果就不堪設想了。

仔細想了想，我又怪自己怎麼那麼笨，早上明明奶奶疼得眼裡含著淚花，我怎麼就看不出異樣？

爺爺也並未讓我放心，可能就是歲數大了，身體機能也就隨著開始下降。大冬天天氣冷，爺爺穿得多，再加上不像以前似的總回老家運動，火氣不斷積攢著。有次午飯，正吃得起勁，我跟爺爺說自己最近狀態特別好，小測總是很出色，爺爺笑得特別開心。然後，他放下碗筷，正準備和我說什麼，突然血從鼻子裡流了出來。

那時候我正端著碗大口地吃飯，看著爺爺鼻子裡淌出血，流出來，心就像是被絞割了一樣。我害怕極了，趕緊給爺爺拿紙擦拭，然後扶到沙發上躺著休息去。

爺爺告訴我沒事沒事，是奶奶沒忍住，低聲說你爺連著兩天都這樣了，老流鼻血，不讓告訴你們怕你們擔心，可能是上火了吧，沒什麼大事。

我在怪爺爺不告訴我們的同時也恨自己平時只顧著念書，很可能在我念書的時候，隔壁客廳，爺爺就在流鼻血，而奶奶一定悄悄幫爺爺擦著，爺爺一定用噓的手勢告訴奶奶——

噓，別讓孫子知道。

走過高三近一年，我不知道現在自己忘記了曾有過多少次成功或失敗的成績，忘記了多少曾經爛熟於心的解題技巧，忘記了自己多少次複習回顧過的知識死角，但是我一定記得，在這有笑有淚、有幸福也有艱辛的一年裡，爺爺奶奶給予我們的最無私、最不求回報的愛和溫暖。

　　這世界從不缺乏傷害、欺騙和背叛，但也正因此，家才顯得格外溫暖而親切。要知道在這個世界上，總有那麼一群人，他們選擇不計回報地呵護、關愛和寶貝你，他們甘願付出代價、做出犧牲。他們關心你甚過自己，生病時會關心你的健康，患難時會擔心你的安危，無論自己處於何種處境，都把你，當世界。他們用一年又一年老去的歲月告訴你——他們愛你，很深。

　　如果你也感受到了溫暖，如果你也感受到了關懷，那麼請轉身，不必滿眼淚花，僅需懷著一顆用力跳動的心臟，用一個最溫柔的眼神，告訴你的家人——

　　我也愛你們，愛很深。

願我的世界
總有你二分之一

願我的世界
總有你二分之一

我們就這樣打打鬧鬧，悲喜與共，一路來，二十年了。

你我擁有相像的眼神、聲音，甚至還有心跳。
如果沒有你，我還會是我嗎？

哥，我還是纏著你的那個小鬼，可能這一輩子你都甩不開我了。

願我的世界
總有你 二分之一

人生路，那麼長，只有你是最最完美的給予。

3

我們的 N+1 个第一次

　　真正鞭策我們的，從來都不是他人的優秀或成功，往往只是我們到底有多麼想要成為那樣一個自己。

　　正是那份渴望，促使我們變得堅強和勇敢，朝著理想的彼岸，出發，堅持直到抵達。

子文

我希望照亮我們人生漫漫前路的，不是旁人複雜的眼光，而是我們兄弟倆從不願放棄也不願改變的赤子之心，不迷失，也不徬徨。

子豪

我們因為一次偶然的際遇，開始相識、相知，並相伴，更願意用一生的時間去追隨，去守候。

子文

第一次換了室友

「恭喜你，你已經被北京大學社會學系專業錄取，我們在美麗的未名湖畔等候你的到來！」不知為何，當我從北大招生錄取查詢的網站上看到這樣一行字的時候，心裡竟然異常平靜。

或許是很久以前對北大的歸屬感早已在心中根深蒂固，曾經以為查到自己被錄取的消息後該有的激動反應都沒有出現，而像是早就預料好事情的結果一樣淡定自若。

說起大學生活，我想我最興奮的事應該就是終於可以換室友了！這麼多年來，我的室友一直是那個我最嫌棄的傢伙，我想睡覺時他打遊戲或者跟我聊天，我想打遊戲的時候他勒令我關燈或者換個房間。所以填志願的時候我打死也不要和他同一個科系，不用住一起，不然又得痛苦煎熬個四年。

雖然他每次都嘲笑我說那是因為我分數不夠念他的科系，但我總不忍心

告訴他，我就是寧可少考幾分也要躲開他的。

　　很巧的是，我和我的三個新室友都不是來自獨生子女家庭，三個哥哥一個弟弟的家庭背景決定了我們「哥哥團」相比之下更成熟穩重，也都更懂得照顧彼此和互相理解。比起弟弟宿舍裡的二十四小時歡樂氣氛，我們宿舍可能略顯沉默。我們不曾互相傾吐肉麻的感動溫暖，但卻無言地陪伴彼此度過每一個不開心的日子。

　　每當我忙雜七雜八的工作忙到情緒失控，室友們不會給我講笑話逗我開心，而是選擇用我能心領神會的沉默來給我支持；每當我壓力很大想訴苦的時候，他們不是跟我一起發洩不滿，而是選擇靜靜聆聽。

　　我們四個總是一起上課，必須是連排坐；一起去食堂吃飯，點一個鍋，五碗飯，有一個人總要多吃一碗；我們一起收拾寢室應付宿舍衛生檢查，我總說我們宿舍是全樓空氣最好的房間；我不在學校，他們就幫我跑去校門外拿快遞，每次考試前，我們一起熬夜複習到很晚。

　　我們四個人還經常相約一起去看電影。但因為我有時候太忙了，只能看夜場電影。可他們不願意落下我，不論多晚都要等我一起去看。儘管偶爾我會因為疲倦而在電影剛開始就睡著了，但他們從來不因此而跟我生氣。

　　散場時候，四個人走在凌晨兩三點鐘的夜裡，空氣是濕冷的，但心裡面卻滿是融融的暖意，驅散了寒冷。街上幾乎空無一人，連計程車的影子都難以看到。搭不到車，我們只能慢慢沿著街道走回學校。

　　就是在那樣靜謐的深夜，月光和星辰溫柔照耀，昏黃的路燈將四個人的影子拉得好長好長。大家七嘴八舌地聊聊剛才的電影或是別的小事，笑聲不

斷。有一個時刻，我沒說話，只是靜靜地聽著他們熱烈的討論，內心溫熱而滿足，好像就在此時擁有了整個世界。

　　無論你有多狼狽，多忙多累，總有人關心你疼愛你甚於自己。友誼是讓悲傷因彼此分擔而稀釋，讓快樂由彼此共享而豐盛。

　　友誼就是，無論你做什麼，他們都在。

　　無論走到哪裡，只要你肯發現，總有人陪你，一路來。

　　我想我找到了，你呢？

我們不是明星，也沒有光環。
哪怕我們的人生因為這些奇遇多了濃墨重彩的一筆，
哪怕我們收穫了潮水般的掌聲，
在有光的角落被更多人注視評論，
我也依然深知，我仍是我，和我的傻弟弟一樣，
都是有時任性有時懂事的普通男孩。

願我的世界
總有你 二分之一

子文

第一次覺得我們可能紅了

　第一次看到關於我們的新聞報導，是在我們倆高中畢業後出發去雲南旅行的第一天。剛到達雲南就收到媽媽發來的搜狐首頁的網址，問了才知道，搜狐的首頁報導了我們作為雙胞胎一起考上北大的新聞。

　　我這才想起來，出發前兩天有一位天津的報社記者電話採訪過我們和媽媽。但是我們倆都沒太在意這件事。沒想到這之後的雲南旅行中，開始有很多家報紙打來電話採訪，漸漸地在新浪首頁、QQ新聞首頁、飛信首頁等都出現了關於我們的新聞。

　　與此同時，也不斷有朋友發短信來說在某某報紙或者網站上看見我們倆了。一起旅行的哥們甚至在雲南當地的報紙上看到了我們的新聞，我半信半疑地拿來報紙，一看還真的是。

　　或許是因為雙胞胎一起讀北大的確有些引人注目，大一開學後，我們倆很快就在學校裡交到了很多知心朋友，也同時得到了很多學長學姐的支持和幫助，獲得了很多磨練的機會。我更是有幸能參與開學典禮主持、加入北大電視台、主持元旦晚會和新生匯演等等。

　　新生活伊始，我忙得焦頭爛額。就在這時候，一個陌生的電話打了過來——「您好，我是《魯豫有約》的編導……」

　　不僅我自己不敢相信我們可以上《魯豫有約》這檔節目，就連媽媽聽說後的第一反應也是「別開玩笑了，就咱兒子還上電視？準又逗我呢……」很快，就像做夢一樣，我們倆最終走進了演播室，成為了《魯豫有約》的節目嘉賓。

　　我至今仍記得，錄製當天，進棚時間約在了下午。早上才剛起，我就被子豪拉去散步。他說他特別緊張，想和我談談心。可能是之前在校電視台做過主播的原因，雖然是第一次上電視節目，我卻沒有絲毫緊張，於是我就開始開導他。

　　走在路上，我聽他說出那些憋了一晚上的話，讓他使勁發洩壓力。他設想了各種可能的、不可能的情節和意外，然後越說越緊張、越激動、越離譜，而我還不能打斷他，就這樣我左耳聽右耳出地聽他嘮叨了一個多小時，然後繞回了宿舍樓下，告訴他沒事：「記住了，你叫不緊張。」

　　等到下午集合去台裡的時候，他見了我又開始嘮叨。雖然我一直在努力讓他放輕鬆，可他還是沒法停止焦慮。臨上場的時候，他還在我耳邊一直說：「一會兒就該咱了，我好緊張。」

表面上故作輕鬆的我也被他弄得緊張起來。因為平時我就不如他能說會道，所以我和他約定好：「一人回答魯豫姐一個問題，我先開始，輪流回答，不要搶。然後冷場的時候對方去救場，放輕鬆，沒問題。」

　　可上場後，等到魯豫姐的第一個問題問出來，我剛要回答，他就搶答了。我心想，算了，第一個問題就讓他答吧，第二個我再來。可等到第二個，我剛張嘴說了半個字，他就又搶著回答了，完全沒有按事先的套路出牌。

　　等到第三個、第四個問題，他依然沒給我一點空隙插話進去。我們坐得很近，我能很清楚地看見他滿臉通紅，額頭青筋凸起，滲出了很多細密的汗。當時我特別想用腳踢他，一直在想他怎麼可以這樣，不給我一點說話的機會，哪怕是停頓一秒讓我插半句也好。

　　我一個人傻坐在那近二十分鐘，實在太過尷尬。說不上話尷尬至極的我只能在旁邊傻笑，給他使眼神他也看不懂，急得我也冷汗直冒。等到慢慢進入了狀態，他說話語速開始慢下來了，我才有機會說第一句話。當時我的感覺就是，這傢伙是個「坑哥貨」。

　　錄完節目下場，去現場看節目的同學都對他說：「剛開始你倆一個臉通紅，一個臉慘白，估計你哥是被你給氣的。」聽完他自己都笑了，摸摸後腦勺，這才反應過來自己剛才的失態。

　　《魯豫有約》的播出讓很多人認識了我們，我們也因此在網路上擁有了一群年輕有夢、善良積極的粉絲。

說起這些粉絲，就不得不說我與他們特別的緣分。不像一般的偶像和粉絲，我們的關係更像是朋友，我能清楚地記得他們大多數人的名字，常常會在微博上跟他們互動，能記得他們和我說過的話。我記得有一次我在微博裡說自己因為熬夜辛苦而口腔潰瘍，很快就收到了一個小藥盒，還有一封很青澀的信。

　　微博上常常有粉絲朋友給我留言、發私信，跟我說說心裡話。因為精力有限，實在不能一一回覆，所以我選擇了一視同仁地都不回覆。有一天，我跟子豪談起有一個網友為了得到我的注意，故意撒了謊，後來在微博上給我發私信道歉，並表示愧疚和不安。我說：「這些小朋友太可愛了，我都沒有放在心上，也沒那麼容易生氣，他們都好敏感。」

　　子豪問：「那你打算怎麼回覆？」

　　我說「不回覆啊，我一般只回覆評論，不回覆私信，一視同仁就都不回了。」

　　「不行，你必須回，真的，你聽我的，這條你必須回。」他像是急了一樣，「你不知道你的一個小小的舉動可能改變她的一生。我之前也遇到過類似的事情，我給那個女生寫了很多溫暖的話，後來那個女生說，二哥你不知道你的這些話對我來說有多大的改變。你必須回，你要給她原諒和陽光。」聽完這段話，我突然覺得我的弟弟除了犯傻，還有成熟善良的一面。

　　網上那些素未謀面的朋友們總說我親切，因為我常常和她們在網上互動，面對那些向我提出學習或者其他方面問題的小孩，我更願意像一個師兄一樣，為他們解答。我就是那個傻到躺在床上翻幾千條評論回幾百條一直到

夜裡一點多手痠得拿不動手機為止的傢伙。

　　誰換了頭像，誰這次考試有了進步，我都一一記得。有時候收到他們從天南地北寄來的小禮物，裝在我的心裡滿滿的，都是感動。而我最開心的就是，看到那些高中的孩子們因為我的一句鼓勵或一個回應更努力學習獲得進步，我真心為他們感到驕傲。

　　記得一個女孩給我發私信，說她以前很甘於現狀，從沒有想過要進步或者改變。聽說了我和小豪的故事之後，她改變了自己以前消極的心態，從年級四百多名進步到兩百多名，直到現在的班級前十名。我不知道她為這些進步暗自吃了多少苦，但我感謝她與我分享她的故事。我在鼓勵她，她也在鼓勵著我，鼓勵著所有人。

　　這樣的溫暖多麼好呢。

子文

第一次甩掉纏人鬼

到了大一的下半年，仍有不少節目邀請我們參與。記得有一次，我們去錄江蘇衛視的一檔節目，登機前子豪就美美地睡了一覺，等到了飛機上，輪到我乏睏不堪，很快就睡著了。可是剛睡完的他精神抖擻，我還沒睡一小會兒，他就推醒我要找我聊天。

敷衍一句，我扭頭繼續睡，剛睡著他又叫我，我稍有耐心地問他到底要幹嘛，他端著紙杯讓我喝水，我沒理會他繼續睡。飛行全程他一會兒叫醒我讓我吃東西，一會兒又讓我看奇形怪狀的雲，害我一共睡了不到二十分鐘。

在回程夜機上，他開始睡覺，我就想趁機「報復」他一下，才剛推他一把，他轉過頭就急了，瞪著我：「我告訴你別叫我了，睏著呢，再叫別怪我和你翻臉啊。」當時我真是怒火在內心翻江倒海直想奔湧而出啊，可想起從小就被爸媽灌輸的無論如何都要百分之百讓著弟弟的教誨，我又老老實實

安安靜靜地轉過身了。

　　我也想過如果哪天能不帶著這個淘氣鬼錄節目，我肯定會輕鬆一些。有一次參與的節目，剛好是我和子豪分兩期來錄。這是一檔我們不算瞭解的節目，節目形態也不熟悉，當時我們倆心裡都沒底。可每次都是這樣，在我想說出退縮的前一刻，總有一個人搶先說出來：「哥，你先上吧。」

　　我先上吧。從小到大，無論是什麼樣的戰場，我都毫無例外的衝在他的前面。

　　為了不耽誤課程，我選擇了最晚的一班飛機。到飯店時已經凌晨兩點多了，洗了澡躺在床上，那是一間沒有窗戶的房間，有些壓抑。說實話當時我真有臨陣脫逃的念頭，一個人在房間裡，看不到外面的世界，心裡話也沒法向任何人訴說。

　　我忽然想念起那個總在我身邊的人了。如果有他在，我現在一定不會覺得這樣孤單，因為他的呆和慫總能在任何地方任何時刻把我逗樂，讓我又笑又氣。想了想，又慶幸先來的是自己，不然換成那個從來沒單獨離家過的傻小子，這會兒還不知道得多害怕多忐忑多想回家呢。

　　我捨不得他吃這個苦受這份罪，更不想在半夜接到他的抱怨電話吵得我自己不得安寧，還要隔空安撫他這個不懂事的二少爺。

子文

第一次節目逆襲記

　　我印象最深的是我們受邀去錄《一站到底》的那一次。當時我錄完節目下來，編導一邊跟著我出舞台，一邊對我說表現挺好，就是話說得少了點。

　　我下場和子豪下場距離三個人的時間，當時我就一個人抱著衣服在場邊等他。雖然表面上我故作鎮定，但其實心裡一直在揣測自己的臨場表現讓節目組失望了，心理很是自責和悔恨。

　　忐忑之中，輪到子豪上場了。在調試燈光和補妝的過程中，只聽見主持人隨便說了一句要不要他哥哥上台觀戰，然後給幾個鏡頭。我聽到這句話的時候矛盾極了，自己剛剛被淘汰下來，心裡正不是滋味，還沒調整過來，就又要上台觀戰？

　　我一直推諉著說不去不去，可還沒反應過來，就被幾個工作人員推到了場上。我站在子豪的不遠處，燈光有些刺眼，我的表情有些尷尬，笑容也有

些僵硬。

很快答題結束，子豪也被淘汰，當時我的第一反應就是站在出口處等著他，先和他說：「你表現得很棒」，然後等著他對我說一句：「沒事，你表現得也挺好的，別難過。」

等了一會兒，子豪就出來了。我還沒來得及說話，他接過我手上的衣服，就甩下一句：「你剛才那是幹嘛呢，表現成那樣，真服了你了。」然後自顧自地走了。

當時我一個人愣在後面，心沉沉得像跌進了一個不可丈量的深淵。

打著寒顫等了半天就等到一句冷言冷語，一個失望而不耐煩的眼神，以及一個沒有回望的背影。

這就是我的親弟弟，氣死人不償命、說話不過腦子、雪上加霜背後一刀的「天賦」更是與生俱來。

這讓我想起高考語文結束後，我跟他說了自己對於作文可能偏題的憂慮，換來的不是他的安慰，而是脫口而出的一句「你說你考試時候都在想什麼呢？」

沒過一會兒他也覺察到自己說話有些過分，去機場的一路上一直沒話找話說，我戴上耳機沒怎麼理會他。到了機場，他又主動跑去買肯德基，滿臉笑容地端過來說：「哥，今兒儘管吃，你使勁吃，這頓我請！好好發洩一下，別生氣了。」

結果我真的吃了四個漢堡之後就消氣了。比起氣他，我更氣自己，因為我總拿這個傢伙沒轍，總是輕易地就被他用一點小恩小惠糊弄過去。

萬幸的是，最後節目播出後，效果很好。就連我自己也沒有想到，自己少言寡語的性格和略顯沉悶的表現可以獲得這麼多好評。反而是小豪，節目播出當天憤怒了一晚，用他的話說，就是他辛辛苦苦用各種辦法才讓我們倆的微博粉絲數量接近，就因這一個節目一下子差距又被拉開到兩千。

　　然後他就用盡各種辦法耍賴，讓我發微博替他拉粉絲，還一整晚都對著手機怒吼：「媽，為什麼電視裡兩人看上去差那麼多啊，不是說是雙胞胎麼！我為什麼那麼醜啊，媽？」

　　看他情緒波動得實在厲害，我一次次開導他：「挺好看的，挺好看的，真的不醜。」

　　又沮喪又生氣的他口不擇言：「你閉嘴，別站著說話不腰疼了，快去想怎麼發微博！」

　　節目播出的第二天，我們和幾個好朋友約在星巴克。我遲到了一會兒，等我進去找他們的時候，有幾個經過的人都用打量的眼光看我。等我們坐定後，還有幾個女生跑過來往我們這兒瞄一眼，然後掩著嘴笑著離開。等子豪來的時候，我起身去給他買咖啡，後來卻發現自己被坐在角落裡的人偷拍。可能是因為被我看見了，他朝我走來問我：「可以拍一張照片嗎？」我欣然接受。不一會兒又收到兩個女生從微博上發來的私信，說在咖啡店看到我了。身邊的朋友都調侃說我們成了大明星，有這麼多粉絲，出門都能被認出來。我擺擺手說：「沒有的事。」

　　是的，並沒有。

即使我曾經面對亮得讓人看不清楚前方的鎂光燈，即使我的人生從考上北大的時候就變得不再那麼普通，但我還是那個我。我很享受平常的大學生活，喜歡在每一個晨昏感受燕園的沉寂與喧鬧，又或是在忙碌的社團工作結束後深夜回到寢室，勞累會有，困惑會有，但內心卻一直是滿足和幸福。

我不是明星，也沒有光環。哪怕我的人生因為這些奇遇多了濃墨重彩的一筆，哪怕我收穫了潮水般的掌聲，在有光的角落被更多人注視評論，我也依然深知，我仍是我，和我的傻弟弟一樣，都是有時任性有時懂事的普通男孩。

在舞台暗下來的時刻，我希望照亮我們人生漫漫前路的，不是旁人複雜的眼光，而是我們兄弟倆從不願放棄也不願改變的赤子之心，堅持不迷失，也不徬徨。

其實我們都只是普通人，憑著一股不服輸的勁兒為青春和夢想放手一搏，經歷了沉沉浮浮，跌跌宕宕，走到今天。可能我和子豪多了幾分運氣，能夠擁有上節目和寫書的機會，用文字與同樣平凡也渴望實現夢想的你們共勉。

但我想，只要是心中有夢且為之拚搏，不管在什麼領域、什麼時間，都會找到屬於自己的那份精采和耀眼的未來。

——其實真正鞭策我們的，從來都不是他人的優秀或成功，往往只是我們到底有多麼想要成為那樣一個自己。正是那份渴望，促使我們變得堅強和勇敢，朝著理想的彼岸，出發，堅持直到抵達。

然後後半段是安慰

正在播出　我们都是高考状元

願我的世界
總有你二分之一

第一次被哥哥比下去

「我有三道槓，我管著你呢！」

時至今日，我依然記得這句話，也依然記得當時他站在我面前，看著我久久不說話的模樣。

他是看我開班會，看我辦知識競賽，配合我班長工作的一名小隊長。

他也是，我的，哥哥。

我習慣了在競選班長時得到的票數遙遙領先於他，習慣了在光榮榜上的成績排名在他之上，習慣了總是比他多一個抽屜存放他沒有的獎狀和證書。

是的，我承認我習慣了，弟弟比哥哥要優秀的事實。

這些小小的驕傲一直維持到小學六年級，這期間我從未想過自己在哪方面會輸給哥哥。所以這長久以來保持的優越感，讓我在受挫後愈加逃避和自卑，亦成為年少記憶裡難以抑制的疼痛。

「她不可能喜歡你。」

因為在仲夏的晌午，她只買了一杯路邊攤的碎冰，送的是我；因為在悶熱的夏季夜晚，她給了我一塊擦汗的小毛巾，而哥哥沒有；因為在畢業同學錄裡留給我的那頁上，她畫了很多顆心，紅晃晃的，像極了爛漫的山楂花。

「你不要太自以為是了，真的。」哥哥說話時總有一副不屑一顧的樣子，而這又恰恰是我最厭煩的，那種自恃清高的語氣。

我清楚地記得我的回答：「我才沒有自以為是！不，我就是自以為是了，怎麼了？」

然後哥哥又是望我良久，並緘默。

「你等著。」

說著，我跑到那個女孩的座位旁，把她拉起來走到教室的講台上，那個我和哥哥站著的位置。

我嚥了嚥口水，問她：「我和我哥中妳只能喜歡一個人，妳選誰？」

教室裡很熱，頭頂的老式電風扇咯吱咯吱地轉著，窗外吹進一陣風，她額前的幾根頭髮就被吹拂起來，在風中起伏著，美得有些不像話。樹上有蟬，牠們竊竊私語，嚷嚷著一個少年年少時所有的心事。

我面前的這個女孩，白色的校服上衣沒有褶皺，深藍色的校裙好像有著某種花香味。烏黑的大眼睛明晃晃的，好像要說什麼。

「妳等等，妳想清楚了再說。」我沒有不自信，我只是提醒她一下而已。真的，我，沒有不自信。

窗外的蟬聲突然停了，這讓我一下子覺得教室裡好安靜。

「那我選……」

我閉上眼，在終於聽到「哥哥」兩個字後整個腦子嗡嗡地響起來。窗外的蟬聲又此起彼伏了，好像都在嘲笑我的自以為是。

第一次，我感到蟬是這麼惹人討厭。

我不記得那天是怎麼收場的了，是我硬撐著說「無所謂這沒什麼」，還是哥哥幫我打了圓場說「不可能別當真」，抑或是我大喊著說「我討厭你們」然後負氣跑掉，我真的不記得了。那天晚上我一個人蒙在被子裡掉眼淚，那好像是小學以來哭得最凶的一次。

我知道我並不喜歡那女孩，我難過的是我日日夜夜建立起來的自以為堅固的驕傲就那樣在一瞬間分崩離析，我討厭的是我不得不面對一個殘酷並在後來的日子裡被一再驗證的事實——女孩們總是喜歡哥哥多一些。

那是我第一次被哥哥比下去，雖然現在看來，這已經是每天都在發生的事了。

願我的世界
總有你二分之一

每一個追夢的少年，都是偏執的夢旅人。

第一次這麼討厭你

「你們倆平常打架嗎？」

「打啊。」

「那打得最厲害的一次是什麼時候？」

「嗯，我不記得了。」

——我一直都沒好意思說，我們打得最凶的一次，應該是高三時候。

那也是我第一次，覺得自己這麼這麼討厭那個跟我一起「出生入死」十九年的孿生哥哥。

那時候我自主招生失敗，整天頹喪不已，我不知道我的明天是什麼顏色，未來有什麼方向，我總覺得自己就是行屍走肉。我彷彿已經看見自己數年來的所有努力都在命運的安排下被打擊得破碎不堪，化為泡影。

但其實那時的我也並沒有完全放棄，每天我都帶著必死又必勝的心態去念書，念書時間未減反增，學習熱情空前高漲，學習強度也不斷加深。

然而我的成績就是毫無起色，一度徘徊在年級十名左右。

看我努力卻不見好轉，哥哥心急如焚，他不知所措，只能一遍又一遍地說我的態度如何不端正，說我的內心如何不強大，說我迷惘茫然，像是隻無頭蒼蠅到處亂撞。

在又一次考試成績公布後，哥哥終於點燃了我心中積鬱很久的焦慮和煩躁——

他又一次提醒我的成績有如何爛，提醒我不該再這樣盲目學習下去，提醒我一定要找對方法再下手。

我的桀驁不馴和我小小的自尊心和虛榮心一下子爆發了。

「我哪裡盲目了，我該怎麼讀就怎麼讀，我既沒有墮落也沒有放棄，我讀到深夜的時候你看到了嗎！」

「你說我該改變，那你倒是告訴我該怎麼改！離高考還有多少天你知道嗎！你讓我怎麼改，改成什麼樣？」

「你知道我現在需要的是什麼嗎？我現在不需要你一遍又一遍地告訴我我不行，告訴我我這樣的成績考不上北大了，我不需要！我考不考得上我自己心裡比你清楚千萬倍！我需要的是你的鼓勵和安慰，是所謂的加油和吶喊！」

「滾！」

我當然記得那時候氣急了的我們都說了比這都更難聽的話，諸如「你不

再是我哥」「咱倆恩斷義絕了」「以後你的陽光燦爛和我的陰雲雨天都不再相關，考上什麼大學過上什麼樣的日子，都是我自己的事」等等。

我們租的房子不大，隔音效果極差，鄰居聽得一清二楚。那時候是初夏，窗外風輕雲淡。對面樓裡有老人在做飯，還有電視機裡傳來京劇的唱和聲音。

我們你一言我一句的對抗嚇壞了爺爺奶奶，他們勸架我們也不聽，而是接著吵、接著打，奶奶躲到屋裡哭，又生氣又擔心。爺爺充當和事佬，勸不動我們只能幫忙把我扔在地上的東西再撿起來。

後來不記得是誰撥通了爸媽的電話，他們從廊坊直接趕過來。媽媽很生氣，來了以後把我們兩人一頓罵，爸爸在陽台默默抽菸，一根又一根。

媽媽質問我們：「都快高考的人了，哪裡有時間打架？都退讓一步不就沒事了。沒時間看電視，沒時間上網，沒時間打球運動，沒時間回家探望家人，怎麼還有時間打架？」

誰都沒再說話。

我忘了我們是如何和好的了，又或者根本就顧不上和好這回事就繼續埋頭在試卷中了。

我們之間的這些爭吵和打鬧哥哥一定都記得，我總說他不讓著我，他總說我不懂事。

我們就這樣矛盾著，一路來，十九年了。

從小我就不愛聽哥哥的話，無論他的想法是對或是錯，我都不把他說的

放眼裡。小時候不懂事，把哥哥的用心良苦都當作是多管閒事，認為沒有他我依然可以做得很好，但是漸漸長大我發覺，很多事哥哥寧願自己做不到，也要幫我完成。就好像他總是要我學會低頭，不過是希望我能走得更遠，也走得更穩。

　　我這個傻哥哥，如果能學著為我少擔心一點，為他自己多考慮一些，也許我就不會那麼「討厭」他了。

我們就是這樣，不僅是哥哥弟弟，也是無論何時
何地嘴上都不饒人的最佳損友。

第一次有了兔子姑娘

　　其實我一直覺得自己很幸運，有很多人陪伴，很多人珍惜。這其中當然包括我的兔子姑娘們。兔子姑娘大都是透過我們倆錄製的《魯豫有約》、《一站到底》等幾檔節目而喜歡上我們的。由於我在微博上喜歡發兔子的表情，因此我的這些所謂「粉絲」就有了自己可愛的名字——兔子姑娘。

　　我不知道我身上的哪一點吸引了她們，讓她們甘願快樂我的快樂，悲傷我的悲傷。很多時候她們帶給我的，不只是單純的感動。那種感覺難以形容。她們會在我不開心的時候給我發私信，給我不停地講笑話，逗我開心；還會在我開心的時候告訴我：加油，要一直這樣開心下去。

　　記得有一次一個小姑娘到學校來找我，直接找到了學院的辦公樓，雖然她也知道這樣很不好，很不禮貌，但就是沒忍住。我們約好了見面，見我第一眼，她竟然馬上扭頭大哭起來。豆大的眼淚一顆一顆地往下淌，她哭得屬

害，眼淚完全止不住。

我怔住了，我不知道我還有這樣的能力，讓一個人萍水相逢便哭得唏哩嘩啦。

她說：「你能等我一會嗎？」我答，當然。

於是她又蹲在地上繼續大哭，過了好一會才平復心情。她說感覺自己像在做夢，我給她買了一瓶柚子汁，又用我的白色電摩托載了她一段路，她抓著我的衣服說：「有你們真好。」

我不知道我和我的兔子姑娘們這樣互相陪伴的歲月還會有多久。但有一天，我們就幸福一天。

大部分的兔子姑娘們，只是默默地把自己的生活、夢想，和悄悄話一一講給我聽。她們說不需要我的回覆，只要我抽空傾聽即可。我記得她們向我說起自己的故事，說起自己的旅行日記，說起自己的閨蜜、前男友，甚至是那些所謂「宿敵」。我記得她們曾說過這一些——

「今天老師當著全班的面罵了我，我知道我成績很差，知道我很讓人看不起，但是從今天起，我要改變！要讓別人看得起我，要先讓自己看得起自己。二哥，等我美好起來，我一定告訴你。」

「你越來越沉默，我卻變得越來越囉嗦，公車上想起你，聽歌想起你，睡前想起你，醒來想起你，想你在幹什麼，想你心情好不好，喋喋不休地給你發文字。看不到，沒回覆，都沒關係。記得我很很很很想你就好。晚安。」

「最近都是一點鐘左右準備睡覺，然後五點四十五分爬起來。我想，壓力是走向成功的必經之路吧，有點壓力，才能好好化其為動力。」

「從我出生到現在，我只崇拜過三個人，一個是我的爸爸，一名軍人；一個是科比，我最愛的勇士。還有一個，便是你，沒有原因。」

「我見過很多比你優秀的人，但是他們都有一個共同的缺點——他們不是你。」

還有更多，更多。

我一直相信這個世界上有得必有失，在得到很多陌生朋友的陪伴時，我也慢慢發現，我的評論裡漸漸少了身邊同學和朋友的身影，他們有的覺得和評論裡「我好喜歡你」之類的話放在一起，很尷尬，因此不願意來參與這熱熱鬧鬧的評論。

但我想，人不該只為自己活著，如果因為我的存在，或者我的一點點微不足道的鼓勵，能給其他人帶來哪怕一點點的改變，也是極其美好的一件事。

因此我願意，做一顆努力發亮永不熄滅的星，照亮你們前行的路。

我一直認為，人與人之間的緣分是最難能可貴的。我們因為一次偶然的際遇，開始相識、相知，並相伴，更願意用一生的時間去追隨，去守候。

其實，這二十個年頭和未來漫漫人生路上的相伴，我會記得。

真的，我都會一一記得。

子豪

第一次那麼害怕失去你

　　我時常做一些光怪陸離的夢，醒來之後就告訴哥哥，我猜大多數他早已忘掉，然而有一個他一定記得。

　　我記得是高中某個放假的清晨，我被惡夢驚醒。我給哥哥看淚濕的枕頭，告訴他這是我此生再沒有的感動和恐懼了。

　　夢大概是這樣的：

　　某個下午，接近黃昏，外面風很大，騎車逆風，於是我們下來推車走。一路上陽光湧進眼裡，刺得讓人睜不開。我們像往常一樣走回家，每次爸媽下班晚，都是要我們先到家的。

　　這個夢發生的背景大概是我們初一初二的時候，那時我們家住在六樓頂樓。依舊是我在前，你在後，咱倆一人接一句地叫嚷著累死了。

　　爬到五樓的時候，我抬頭往上一看，家裡的大門露著個縫。

縫不大不小。

我第一反應就是——賊！

哥哥說可能是爸媽早上走的時候沒有鎖門，於是執意要去看一看。我們都躡手躡腳，小心翼翼地靠近家門。就在快到家門的一刻，裡面突然衝出來一個人。樣子長什麼樣我不記得了，或許也根本就沒有時間去記他長什麼樣。

「快跑啊哥！」

我嚷得很大聲，然後便奮力往樓下跑。

我記得我和哥哥總是愛在樓梯間裡追著跑，哥哥讓我三秒，我先下樓，然後他就在我身後追。我是一步一步地下，他是兩個台階兩個台階地下，我的頻率快，他的速度快，所以每次都是他在半路就抓住了我。

我第一次遇到賊，嚇得魂飛魄散，只能下意識地只顧自己往下跑。在夢裡我覺得自己跑了很久。又像是跑過了森林，跑過了海洋，跑過了遙遠的世紀和銀河。我感覺不到哥哥是否在身邊跟著，或者他是否在身後追隨。

後來我記得我擰開了樓下屋門的鎖，然後幾乎是一步一下子躍出來的。

門「砰」地關上了。

我回頭，發現哥哥沒有跟著出來。

是的，只有我一個人跑出來了，門被關上了。我開始害怕，我後悔當時為什麼沒看看哥哥在哪裡，為什麼沒給他打開門讓他快跑出來，為什麼只顧著自己跑而沒想和他一起對付壞人。我對自己說，如果哥哥已經跑到了一樓但因為要花時間開門而被壞人抓住，那我一定後悔到死。

可是這些都是假想。

真實的是，哥哥真的再沒出來過。

我無法形容那種感覺。我一個人站在社區裡，房子的大門就在我面前緊閉著，身邊有淒冷的風，颳掉樹上的黃葉。黃葉紛紛揚揚，飄落在地，隨著另一陣風，又跑到另一個世界去了。我孤立無援，無助又無奈，轉身跑到社區門口的便利商店打電話，哭著要爸媽快回來，放肆地大聲哭吼。

再回到家門的時候，哥哥一個人已經躺在地上了。地上一片鮮紅。

他像極了一片安靜的紅楓葉，就那樣安詳地，一動不動。紅色蔓延開來，一點一點把我的心掏空。我跑過去，飆著淚，跪在他面前叫他——哥，哥……

「哥，你不是總說我不在外人面前叫你哥很沒有禮貌嗎？為什麼這次我叫了你你卻不回答我，為什麼？」

「哥，我錯了我不對，不過你別用這種方式懲罰我好不好，我以後都聽你的話都按你說的辦好不好？」

「哥。」

「哥！」

記憶裡他慢慢睜開了眼，用力還我一個微笑，對我說：「下次哥三階三階地下，就快了。」

原來哥哥是因為知道我總是一階又一階地下樓，很慢，肯定跑不掉，所以才在四樓的時候突然轉身回去阻止壞人，為我多爭取一點逃脫的時間和機會，給我生路，和未來。

好在這是夢。

不過這些年來，我養成了三階三階地下樓梯的習慣，一直沒改。媽媽總說我，這樣多難看，像神經了似的，我笑著回覆她——妳不懂，這樣安全。

我想，就當作是個好習慣或者壞毛病吧，無所謂。

等到有一天，我老到不能再這樣做的時候，再改吧。

願我的世界
總有你 二分之一

願我的世界
總有你 二分之一

我們就是這樣一種組合搭配了這麼多年，
最後好像也誤打誤撞修成了最有默契的兄弟。

你早已成為我人生中的二分之一，在我生命裡以最頑強的姿態存在，
霸佔著時間和距離都不可能更改的地位。

謝謝你，二十年來總用你實力偶像派的演技，以一個我
最嫌棄又最珍惜的姿態出現在我生命裡。

願我的世界
總有你二分之一

我們被彼此選擇，就注定要血濃於水。
擁有彼此的二分之一，也因彼此而變得完整。

子文

人生路，那麼長，只有你是最最完美的給予。

子豪

哥，倘若真有來生，我還做你弟。好嗎？

你是另一個我，我是另一個你

作為雙胞胎，我最怕的永遠不是被認錯，也不是分享父母的關愛，更不是從小就有一個跟屁蟲纏著我，而是——被比較。

被所有認識的不認識的人，有意無意地，做著比較。

可我們就是這樣每日都被比較著。

的確，你從小就比我優秀太多太多——

我僅僅做了半個學年的班長，就被你競選替換下來，後面幾年的時間裡，我只是小隊長，而你一直連任著班長。你很入戲，每天回到家還總炫耀你是班長這件事，有時候要我幫爸媽做家務，你就會說：「我是班長，命令你馬上去幹活。」

你畫畫比我好很多，你就自己任命自己作為我的指導老師，有事沒事都要點評兩句我的作品，而每次家裡來了客人，你也總是很驕傲地給他們展示

你的畫；你寫的字也很漂亮，我記得小時候我經常因為字跡潦草被老師撕作業、叫家長，而你的作業，總是被貼在班級牆上展示。

而在功課方面，我就更不如你了，領獎台上站著的始終是你，而台下收到很多好奇目光的，始終是我。當然，也總會有好事者指著台上的你對著我說：「看，你弟弟！」好像我認不出來似的。

每每這時，我都會做出一副恍然大悟的樣子點點頭，等他們笑著轉過身去，再兀自苦笑一下，然後繼續安靜地站著。諸如此類，從小到大，我一直在經歷著，也承受著，耳邊好像也習慣了一種聲音——哥哥不如弟弟。

說實話，從小我就不喜歡和你做比較，我寧願承認我不如你的事實，也不願看著旁人像分析案例一樣，找出證據，頭頭是道地指出孰優孰劣，以見分曉。我清晰地記得我曾經無數次因為被拿來和你做比較而和老師頂撞、跟同學打架、與父母爭吵，每次我都說我不是怕和你比，而是不想比。

只有我知道，那些看似頭頭是道的說辭都只不過是在掩蓋一個不爭的事實——

我害怕跟你比較。

更害怕自己不如你。

或許是從小到大你一直都太優秀，而我也一直和你有著一段不大不小的差距，再加上你生來自戀，所以你從小就一副自以為是的樣子，什麼時候都喜歡裝著大人的樣子對我說教。在別人眼中，弟弟應該是很聽大哥話的，而

大哥也應該是很有權威的。但遺憾的是,這個規矩在我們家行不通。

你從小就習慣了指揮我,你總是習慣性地要求我去幫你做事情,幾乎每次吃完飯,你都會半躺在沙發上玩手機或者看電視,而我則要收盤子收碗。有一次我正掃著地,擋了你的視線,你就皺著眉頭特別大爺地說:「別在那兒擋著,去把凳子也搬了。」當時氣得我差點把垃圾都倒在你頭上。

我們也有起爭執的時候,每每我們意見不一致,你都不願意讓步。無論是有力舉證還是強詞奪理,你總有各種各樣的理由。平心而論,哥這些年對你說的最多一句就是「你隨便吧」。是啊,你從小就比我優秀,我的意見大多被你反駁,很少被接納,每每負氣,我都會說你隨便吧。

知道嗎,「你隨便吧」,這四個字不僅有我的妥協和無奈,更有我作為兄長的寬容和溺愛。我瞭解你強烈的優越感和自信心,那是我不忍心去撼動和改變的東西,因此我習慣了一切由你,哪怕有時候我能肯定你的選擇是錯誤的。

記得初中的時候,有一次你問:「為什麼你會來到我身邊?」我自嘲地說:「或許是上輩子我太優秀了!你不如我,一直生活在我的光環之下。我欠你的太多,所以這輩子要來你身邊襯托著你嘍。」我的口氣是那麼漫不經心,擺出一副滿不在乎的模樣。

你聽到之後沒有絲毫當真地笑了,然後淡淡地說了一句:「哥,你世界的中心一定要是你自己。」

可能你永遠不知道,你脫口而出的一句話,竟讓我在心底沉沉地記了這麼多年。

是啊，這麼多年來，我一直習慣了把你當作世界的中心，你的優秀、你的光環，好像一直籠罩著我，你想做什麼我都會參與，因為我要傾盡全力地幫你，你做錯事我也會替你辯解甚至主動承擔責罰。

很多人羨慕雙胞胎無論何時都有彼此最不離不棄的陪伴，從來不會孤單。但即使是親兄弟，我們也有各自不同的處世原則與生活方式，也曾經努力想讓自己活得與對方不像是打一個娘胎裡出來的。

因此，進入青春期的時候，為了證明我們對彼此的嫌棄，我們做盡了幼稚的事。

比如你曾給我寫過一封信，開頭的稱謂是「胖子醜八怪」，雖然那時候你只比我輕幾公斤，分明也是胖子醜八怪一個。信的大致內容是要我以後別總和你一起出現在學校裡，你覺得我很醜，我總跟著你你覺得很煩。

看完信之後，我假哭一場說要絕交，你嚇得幾乎是跪地求饒。我忍不住笑出來之後被你打了一頓，然後一切又恢復到過往的樣子，我們還是一起上學一起下學的胖兄弟二人組。

又比如小時候你經常會說：「哥，如果以後咱們長大了，我很有出息，你沒啥本事，你會找我要錢嗎？說好了啊，我可以給你買點吃的喝的，不過我的錢還是自己存著。」那時還小，我一心想的只是，你個悠孩子，皮又在癢了吧，讓哥哥我先揍你一頓再說。

不知不覺地就寫到了最後一章這一封長信，此刻的你正為家務活的分配而和媽嘴皮伶俐地討價還價。

從小我就沒有你能說會道，每次家裡來了客人，我都只會傻站在一旁，

而你總是熱情地和他們聊天，落落大方八面玲瓏。

我還記得小時候過年，每當給長輩敬酒的時候，我總是憋半天才想出一句新年快樂，臉漲得通紅，而你，卻總能根據每個人的身分特徵而說出不同的祝福。看著大家都圍著你誇你聰明懂事，我就變得更緊張和自卑，只能偷偷地看著爸媽笑開花的臉，然後很用心地記下你說的那些吉祥話。

而每次我們倆吵架，我總是堅持不了多久就敗下陣來，好在從小我就比你高你比你壯，因此說不過你的時候我就打，想著不過就兩個結果，要嘛是出了口氣把你教訓一頓，要嘛是出師不利再被你教訓一頓，拚了再說。

我記得小時候我有口吃，有一次我們意見有分歧，爭執之中你學我結結巴巴地說話：「我，我，我，我說不過，過，過你。」

然後就是一陣嘲諷和嬉笑，我撲上去和你大打一架，但你知道我從來不捨得和你動真格，反而是你下手沒有輕重，所以最後我的臉上留下了兩道疤——一直到現在還可以清晰地看見，那兩道對稱的，後來被你稱之為歲月留下的「痕跡」。

當時你怕極了，看到我的臉流了血，一邊求我別告訴爸媽，一邊用小胖手捧著我的臉給我吹傷口。爸媽最後自然知道了，追問起來，我們偷偷改了故事的腳本，將劇情變成我先招惹你然後被你撓破臉。雖然爸媽還是特別嚴厲地訓斥了你，可最後最慘的人還是我，因為你被訓哭之後我還去哄你，給你道歉。

時間一晃過去好多年，我們都在成長的路上一步一個腳印地向前走。或許是因為從小到大全家人都寵著你的緣故，你一直把自己當小孩子，說你

幼稚也好，小孩兒脾氣也罷，直到現在你還總有一種沒長大的感覺。你經常說：「有我哥替我打理一切，什麼都不叫問題。」

的確，很多事情都是由我來替你安排和處理，替你事先做好打算，或替你收拾爛攤子。有時候我也覺得很累，明明才相差二十分鐘，卻好像比你早出生很久似的，要盡那麼多我口中的責任，你眼中的義務。

做大哥這麼多年，我也慢慢習慣了替你去操心很多事情，為你擋很多風雨。我記得報考英語四級考試的時候，因為知道你有嚴重的拖延症，在報名開始的第一天我就催你去報名，等到第二天，你還是說一會兒就去報名，不讓我煩你。

直到中午你還是沒有動靜，我讓你下樓把學生證給我，我替你照相報名，你還是說不用，還向我保證你不會忘。就這樣催了你一天，直到下午六點剛過，你打來電話告訴我：「哥，我去報名了，可是好像結束了。」

再比如寫這本新書，所有的事你都一概交給我。有時候你一邊蹺著二郎腿喝著冷飲一邊用不屑的口吻對我說：「不著急，你要著急你自己去辦，少來煩我。」我多說你兩句惹得你負氣而走的下場就是一切事情就真的由我全部包辦，真是搬起石頭砸自己的腳。

有時候我也會想，如果有一天你不再需要我替你考慮四級報名、黨課申請、論文提交和話費繳納，到底是你先不習慣，還是我先不適應？

我們就以這樣一種組合搭配了這麼多年，最後好像也誤打誤撞修成了最有默契的兄弟。

在這過程之中，我學著更沉穩細緻，你也開始聆聽和贊同我的想法和建

議。是啊，這種改變就在每日的朝夕更迭中發生著，你也說不上來是從哪一個特定的事件開始，我們就養成了這種默契，你懂我的縝密考慮，我懂你的深信不疑。

謝謝你，十九年來總用你實力偶像派的演技，以一個我最嫌棄又最珍惜的姿態出現在我生命裡。

人生路，那麼長，只有你是最最完美的給予。

子豪

寫給你的世紀遙遠長信

你總告訴我，做事前要打草稿，我點頭說對，所以媽媽先把你生了出來。

你說你比我大所以你是太子，我說照這個邏輯你只能叫大子。

你說我沒錢花了只要跟你說一聲就好，剛聽到這的我立即說：「一聲」。你聽後滿臉都是無奈。

你一定不喜歡我這樣的弟弟。

我犯了錯誤需要你上前替我頂罪，被批挨打從來與我無緣；無論是食物還是玩具，只要不是偶數，那麼剩下的那一份肯定屬於我；外人面前我管你叫「哥」，在家裡就對你大吼大叫沒有禮貌；你動手打我我就喊爸媽，躲在他們身後看你被訓斥卻嘻嘻偷笑；我吃不完的飯剩給你，文具丟了就拿你的用；打針吊點滴永遠要你衝在我前面；零花錢不夠了就找你借，但我們都心

167

知肚明，我倆之間所謂的「借」永遠都是有去無回。

你說我是你上輩子的債主，你欠下了還不清的債，所以這輩子來到我身邊贖罪。可是我並沒有覺得我欺負了你或者對你如何不好，我只是覺得，既然我是弟弟，就該這樣。

所以我說如果有一個蘋果，理應給我吃；如果有兩個，理應給我吃一個，再給我留一個；除非有第三個，你才能勉強得到一個。你說我無理，我說：「如果咱倆之間的分配都是一比一的公平，那麼哥哥和弟弟還有什麼差別嗎？」

媽媽說你我有莫大的默契，才能在家族沒有雙胞胎歷史的情況下結為兄弟，我偏說這是我倒楣遇到了你。於是從小我就和你說，你必須為你在我世界裡的出現付出代價，諸如聽我牢騷，給我保護，替我受罪。你說這些無理的要求你一一答應，只因為你比我早出生僅僅二十分鐘。

是啊，僅僅二十分鐘，就是天和地的區別。

可是你一定沒有真正地埋怨過我，關於這點我確信無疑。

然而歲月慢慢變老，你我漸漸長大，距離卻從未產生。對此你一定懊惱極了吧？可是我就是要一次次地告訴你：「哥，我還是纏著你的那個小鬼，可能這一輩子你都甩不開我了。」

只是，我開始慢慢學會珍惜。聽到別人說你不好我會氣憤無比，不顧後果地為你撐腰甚至不惜與他人爭執；看你勞累的時候會為你心疼，大半夜給你發信息問要不要給你送點吃的；你一個人去錄節目半夜要趕去機場，我特

想陪你去但是你卻一個人偷偷走掉；知道你出門在外，就一定要等你安全抵達飯店發來訊息我才肯安心睡去……

我自己覺得你一定是這個世界上最幸福的哥哥了，而且肯定有很多人願意有我這麼個可愛懂事的好弟弟。

嘿嘿，你說對吧？

還記得很小的時候，你陪我一起發胖，在兩碗米飯和炸雞燉肉的供養下我們都是小胖子，我穿衣服難看，你也難看，我被人喊小胖子，你也被這麼喊。我們還有很多相同點，比如跑幾步就會累得氣喘吁吁，比如討厭體育課和炎熱的夏天，比如牴觸體檢時被唸出來的體重資料。

後來上了高中，我們又一起慢慢變瘦。共同經歷了第一次異地求學，第一次住宿，第一次背井離鄉。吃不好，睡不好，學習累，任務多，缺少照料。那時的我還常常想，在我們年少青春的日子裡，能有人和我一起處處面臨相同的窘境和遭遇，是多麼幸福。

不知道是不是雙胞胎的心靈感應作祟，從小咱們倆的學習就是一個節奏。小學一年級，你我一起不學習，被老師趕到學前班去做遊戲，再返回一年級的時候別人已經學習了很多中文拼音了。咱倆商量著被趕回學前班這件事無論如何也不能讓爸媽知道，所以咱倆每天回家都假裝寫作業，就這樣提心吊膽了很久，幸好一直沒有被發現。

後來，你我又一起用功，我們的成績從倒數變成中等，又從中等慢慢爬到上游，直到登頂第一和第二。

高中的時候我們也是這樣，起初成績都排在年級百名左右，然後一起不服氣，跑圖書館，起早，熬夜，體育活動課跑到安靜的角落大聲背書，假日不休息，總跑到沒人的學校操場讀書。一點一點，我們的成績經歷年級排名百名、半百，直達年級前十，再後來，一度霸佔年級一二名。

我還記得高三時你被評為「市級優秀班幹部」而獲得了高考二十分的加分，坦白說那時候我心裡真的有點不是滋味，我對自己說的最多的一句話便是——努力，追上他。我真的不敢想如果我們不在同一所大學了會怎麼樣。你會有你的平台和資源，有你的朋友圈和未來，我呢？也許只能守著自己乾癟破碎的夢想，在背後落寞地望著你。

所以在那一段高三的日子裡，我只能拚命。我用學習的時間念書，用休息的時間念書，用所有只要我睜著眼的時間念書。我不甘落後，尤其是不甘落後於你。你成了激勵我的最大因素，無論你是成，或是敗，我都不願意和你分開。

雖然高三一年我經歷了人生迄今最大的低谷，也曾一度覺得自己無力追趕上你的腳步，無法和你一起圓夢北大。所幸最終的高考結果沒有讓我這幾年的努力白費，它給了我一份滿意的答覆。我始終覺得這其中有你的幫助，在我最黑暗無助的時刻你給我安慰和鼓勵，在我最得意洋洋的時刻你給我警醒和提示，在我覺得煎熬難耐痛苦不堪的時刻你給我走下去最大的理由——因為你還在我前面。

所以我永遠無法忘記那些日子，放學回家的路上，你對我的開導和鼓勵，你讓茫然的我，感到前方似乎還有那麼一點點光亮。你讓絕望的我，相

信有哥哥在前方帶路，我也一定能夠抵達夢想。

幸好，你我又一次踏上相同的旅途，去欣賞人生下一程的風景。

其實我一直認為，每個人的生命中都會出現另外一個人，他對你百分百的好，疼愛你，呵護你。這個人可能是親人，可能是愛人，甚至可能是你的親密朋友。只要你們對彼此夠真誠，夠用心，這種感情就不難擁有。你會在職場迷惘時想聽他的意見，會在愛情失意時找他陪你買醉，會在發工資時犒勞他一頓大餐，也會在落魄潦倒時毫不羞澀地向他伸手。

我也總這樣認為，這世上最難做到的便是心無罣礙，也正因了這份掛念，你會擔心他的安危，他的處境，他的種種。慢慢的，這種內化的掛念共通相融，在龐大洶湧的人群裡為你們建構起無形的連線，你只需閉著眼，順從內心，就不難發現這世界的彼端，也有一個同樣的人正朝你走來，他口中有詩，心吐蓮花，默唸著緣分裡你的名字。

你一定要相信，且期待，此生一定有這樣一個人，如同你的守護神。

你很自以為是，總用你不大的權力壓制我。

你說我就是不許頂撞你，無論因為什麼。這點你一定是和爸媽串通好的，所以每次你這麼說爸媽都會點頭表示贊同。

小時候我們一起參加課外的繪畫比賽，獲勝的前五名有一塊美味的蛋糕作為獎勵，我一向畫畫很好，大大小小得過不少獎項。但那天宣布的前五名卻有你，沒有我。我一個人坐在畫室的最後一排抹眼淚，不甘心又不服輸。我怎麼可能輸？

你上前領了小蛋糕，就悄悄地跑到畫室最後一排，把蛋糕遞到我面前，小聲說：「弟，你吃。」

我說我不吃。

你又來了，你從小就是這個毛病，對別人好就要求別人一定要接受。

「弟，你吃。」

我沒理你。

「你吃！」你很大聲地喊出來，幾乎憤怒地盯著我看。

那是我們大概八九歲時，當時我覺得整個世界都在看著我，我可憐的自尊心一下子發酵了。我站起來將你給我的蛋糕扔到地上，揹起畫板飛快地跑出畫室。

時至今日，我還記得你當時喊「你吃」的時候，你破的音，皺的眉，氣得通紅的臉，現在想來多有趣。

你是一個倔強的人。

小時候咱倆淘氣，打碎了家裡的花瓶，那只花瓶是爸媽某年的結婚紀念日禮物。打碎後咱倆都不承認，氣得媽媽要動手打我們，我往媽媽懷裡撲，撒嬌著說：「媽媽媽媽，以後我再也不敢了，再也不這樣了」，媽媽要生氣，我就親她的臉頰，一句接一句地哄她。

而你，就站在她面前，瞪大了眼睛直直地看著她，一句好聽話都不會說。媽媽讓你承認錯誤，你死活就是不說話。我急得在一旁一邊替你求情，一邊扯你的衣角，讓你快服軟。然而你就是不肯。

所以每次闖禍挨打都是你挨了兩份，把媽媽打我的那份又加在了自己身上。我說這是你活該，本來你可以免去這兩份打的，但是你偏好強，偏不服軟。

這種性格伴隨了你十幾年，你從不輕易屈服，也從不佔別人便宜，做手術一個人不哭不鬧，獨自半夜去機場飛去旅行。

這就是你，一個倔強又堅強的孩子。

其實高中時候的你也是這樣。別人說你不行，你就偏要創造點奇蹟出來。四次考試我不是第一名就是第二名，而你卻總在一二十名間浮動。你用所有的勇氣和信念，沉澱下來，慢慢追趕。就在旁人都覺得你不行了，上不來了的時候，你以一個最漂亮的飛躍贏得所有人重新的矚目。

高考時語文作文偏題，你只是狠狠地罵了自己一句，便又繼續沉下心，低下頭，專注準備其餘三場考試，終於憑藉剩下幾科超常的發揮考上了北大。

有時候我羨慕你的倔強，我相信這種品格會讓一個人異常強大，無論前方有多少艱難險阻都能安然度過。

所以同行十幾年，我從你身上漸漸學到很多書本和課外都學不到的東西，正如你一直以來用你的行動告訴我的——只要堅強，便無人可擋。

你有著和我相像的眼神、聲音，甚至還有心跳。

你喜歡用湯匙，愛穿整潔的白色襯衫，慣用左手拿杯子喝熱咖啡，看書時總是習慣性地皺眉。你不喜歡女生哭，反感別人欺騙你，你說你不欣賞我

一貫做作矯情的文字，卻比誰都容易被它們打動。

是的，我熟稔你的這些，和那些。

甚至有時候，我比你還瞭解你自己。

你信嗎？

哥，其實我也問過自己好多次，你為什麼要來到我身邊。如果沒有你，我可以多一倍的衣服和鞋子，言語、想法、行為都少受一份束縛，還可以享受獨生子與爸媽的三人世界。

可是——

如果沒有你，我還會是我嗎？

你是一個沒什麼幽默感的人，總是那樣淡定和沉穩，這點與我很不同。你做起事來很認真，總是一絲不苟，你會掌控大局，能有條不紊，注重對細節的掌握。你有對未來和夢想極深的渴望，比如出書這件事，幾乎全是你帶著我，萌芽念頭、寫提綱和自我介紹、投稿，你一一解決。

這麼多年過去了，你還是那個樣子，除了個頭長高了，身體瘦下來了，沒什麼大不同。你依然愛吃麻辣口味的東西，喜歡戴著耳機閉眼聽歌，不愛喝碳酸飲料，疲倦的時候要吃些甜點，不開心了也不發牢騷，有樂事第一時間與我分享。你還是那樣好強，什麼事情都要盡量做到最好，你有自己的原則，誰也不能挑戰或打破，仍舊很喜歡綜藝節目，愛看小清新的電影。

依然沒變的，就是你總是愛我比愛自己更多。

你對我來說是什麼，是黑夜裡的燈火，是白晝時的風，是我所有堅持不

下去時努力堅強的理由，是刺眼的太陽，是山嵐，是我寂寞之時卻未曾感到孤獨的陪伴。你用最強大的微笑、眼神，當然還有心跳，告訴我——

天下很大，要心有嚮往。

多奇怪，從小就有一個和我長得一模一樣的人，在我身邊，和我搶同一碗飯，和我睡同一間屋，和我上同一節課。我走向回家的路，你也一樣，我揹好書包，你也整裝待發。我所有的秘密，都毫無保留地向你述說，你都耐心耐煩地一一聽完。聽罷你總是勸我幾句，或者做緘默狀，用無言給我力量。

哥，你知道嗎，其實那些你為我做的，我都一一牢記著，它們像極了渺小的石礫，在我的生命裡一直以最靜止的姿態存放著，貴如珍珠。

小學三年級，我踢皮球打碎了學校教室的玻璃窗，後來教導主任知道了，嚴厲地批評了我，而且要給學校賠安裝玻璃的錢。我心急如焚，怕媽媽生氣，更怕媽媽教訓我。回家的一路，我都在和你商量怎麼辦，你給我出了很多主意，也在不斷安慰我，最後我們的討論結果是，我就說是同學踢碎的，他希望我能幫他頂罪。我忐忑忑，回到家後猶豫無比，畢竟是撒謊，還是很心虛的。

我們面對媽媽，站成一排，媽媽問怎麼了？是不是又闖禍了？

沒等我開口，你便交代了原委，不過不同的是，打碎玻璃的不是我，也不是我的某同學，而是你。你總是這樣出乎意料，你用自己的所有，來盡一切可能幫助我。

你對我說：「弟，你別撒謊，媽媽說了咱們不能撒謊。」

所以你寧願做不到，也要幫我做到。

其實你很多事情都是本著這個原則做的。你考試成績一直跌個不停，還不忘在我睡懶覺的時候把我叫起來念書，我對你說我成績早已穩定在前三了，要你自己管好自己就好，你的回答卻依然那樣，有你的風格，你說──

「哥以前不是也像你這樣，現在不還是不行了？聽聽勸，我為你好。」

我還是那一副玩世不恭和自以為是的表情，從小就不愛聽你的話。所以無論我是好或是壞，是對或是錯，都不把你說的放眼裡。

體育運動也是一樣，有時候你明明跑不動了，還要我堅持繼續跑下去。每每這時我又總是拿你當擋箭牌，說你都跑不動了憑什麼還要求我跑。但你只是繼續在我身後跟我說快跑，大喊讓我堅持下去。其實這種時候我在心裡罵你無數，怨念橫飛。還在結束的時候向爸媽告狀，說你自己做不到，還要求我做到。

小時候看不開，想不懂，感受不透，然而現在終於領悟了，這世上，只有你，希望我越優秀越好，甚至超過你的優秀。這是多少人都做不到的大度和通透，又是多少人都得不到的幸運和福氣。你放下一個作為哥哥的架子，把自己從很高很高的地方拉扯下來，只要弟弟好，就足夠，才不管自己的所謂顏面。縱使耳邊傳來他人「弟弟比哥哥強」、「哥哥不如弟弟」的刺激，也絕不改你心中堅定的想法，和信仰──總是愛我比愛自己更多。

這些年過去了，那些我想說的沒說的不想說的卻脫口而出的，你都懂吧？

我承認，你早已成為我人生中的二分之一，在我生命裡以最頑強的姿態存在，霸佔著時間和物理距離都不可能更改的地位。

我們以最不期而遇的形式相遇，由命運的安排下走在一起。

我們被彼此選擇，就注定要血濃於水。

擁有彼此的二分之一，也因彼此而變得完整。

太多的話想對你說，在這封給你的世紀遙遠長信中，僅一句——

哥，倘若真有來生，我還做你弟。

好嗎？

你是我所有堅持不下去時努力堅強的理由，
是我寂寞之時卻未曾感到孤獨的陪伴。
你用最強大的微笑、眼神，當然還有心跳，
告訴我——天下很大，要心有嚮往。

願我的世界
總有你 二分之一

願我的世界
總有你二分之一

當我們「混」在一起

小王子養成日記

　　2013年1月下旬，我剛剛做完雪漫的《那些女生該懂的事》白金紀念收藏版，神經緊繃晝夜不休地忙了一個月，終於得空。雪漫從南京打電話來跟我確認工作，臨掛斷前說了一句：「有對北大雙胞胎好像想出書，妳看看妳有沒有興趣？」

　　那段時間，我初次負責策劃的《那些女生該懂的事》廣受好評，剛完成的白金紀念收藏版又嘗試了有趣的禮盒套裝概念，所有這一切都讓我對策劃概念創新的圖書充滿了熱情。我先是聯繫了哥哥苑子文，翻翻他們的微博，對他們兄弟倆有了一點基本的瞭解──《魯豫有約》的人氣嘉賓，被網友稱作「北大最帥雙胞胎」。

　　那天晚上我躺在黑暗裡準備入睡，腦子裡卻有個想法越來越清晰──從平凡人中推出一對形象健康陽光的國民偶像，用平民偶像擁有的正能量去鼓勵更多嚮往著美好未來的年輕人。

　　把這個作為我的新年新專案，感覺還滿不錯的嘛。

其實我真的已經完全不記得和他們第一次見面是哪一天了。

但我記得那天我還特意揹著我桃紅色的雙肩包，希望能在北大校園裡被人當作是剛入學的萌學妹，而不是來找兒子的中年辣媽。

因為約在我下班後的晚飯時間，出發之前我特意跟哥哥表示可以找一家北大附近有名的餐館，我請客。但是哥哥死活不要我請晚飯，堅持晚飯後見。因為是初次見面，我也不好直說是因為我一下班就得趕地鐵實在沒時間吃晚飯，所以邊吃邊聊才最合理啊。

最後，我只能餓著肚子跟兄弟倆談了一整個晚上，幸好還有一杯哥哥幫我買的拿鐵相伴。

雖然事後哥哥不承認這件事，但因為這種情況實在是罕見又詭異，我對天發誓它絕對真實存在過。我對它的印象之深，超出了當晚我對所有其他的事情，譬如，最重要的——我們三劍客的第一次正式會面到底是哪一天。

不知道這是第幾次來北大了。

這幾個月，我常常在下班後跋涉過半個北京城去學校找兄弟倆討論稿子。

總是問莫名其妙的問題來激發他們說一些可能他們自己都不知道是可以用的故事素材。

一次次幫他們理清行文思路和整體架構，調整敘述方式和寫作方法。

他們倆不是專業作者，又是剛進入大學的年輕人，相較於豐富多彩的大學生活，寫作實在是件費心費力又費時的事。但是他們倆堅持下來了。哪怕是期中考試拖延了寫作進度，他們也還是努力在考試結束後盡快寫完。

所以這一天，我們臨時決定一起吃晚飯，不談工作。

哥哥和小豪帶我去了北大西門外的一家人氣餐館。

晚餐時間人聲鼎沸的餐廳裡，我們仨窩在一個小角落，點了一個巨大的披薩。

我放鬆地靠在沙發上，看他們倆聊天，觀察他們兄弟倆平日裡相處的小細節。

哥哥和小豪在一起的時候，他們倆自然而然就是耀眼的，連他們之間的空氣都好像變得不一樣。哥哥安靜，但是帶點王子的氣息。每次轉頭看他，我都會忍不住覺得哥哥真帥啊。小豪則是你一定會喜歡的可愛男生，總是在

說著各種各樣好玩的事，總能讓你笑出來，動作表情多得讓你一刻也停不下來看他。

哥哥看著很成熟，但是聽說我單獨約了小豪吃飯，也還是會撒嬌說生氣。在校門口我驚訝他也來接我的時候，他還嬌嗔地埋怨了兩句，實在是很可愛。

和他們倆在一起的時候，我常常羨慕他們的年輕，感慨自己失去了青春。在他們的車後座，涼風吹起我長髮時，我有一瞬間恍惚以為自己也不過是這個學校某個普通的大學生而已。

那個晚上，小豪用他的電動自行車載著我快速穿梭在北大的夜色裡，那是我人生中第一次坐在男生的後座。

回家的路上，我還錯過了10號線地鐵的末班車，出了地鐵站，我一個人走在海淀區陌生的街道上。臨近午夜，街上一個人也沒有，偶爾有車疾馳而過。街道兩旁的大樹在昏黃街燈的映照下，投下斑駁的樹影。我想到哥哥在書裡寫過的一個片段，說的是他們宿舍四個人一起看午夜電影，然後結伴散步回學校的場景。我又忽然意識到，半夜在陌生街道上散步，好像就應該是大學生做的事。而我在我的大學時代，卻完全沒經歷過。

感謝這個夜晚，讓我找回一點點大學生的放肆和勇敢，一個人在寂靜的林蔭道上走過了好幾個路口，心情愉快。直到走累了，前方就是高樓大廈燈火明亮的十字路口，美夢醒了。

我停在路口，招了一輛計程車，上車回家。

不知道為什麼要記下這些，但我想未來總有能用得上的時候。

這是2013年4月26日的凌晨。

這一天，是我們為哥哥和小豪的新書《願我的世界總有你二分之一》拍攝內文圖片的日子。

早上七點不到，我們的九人團隊就出發了。

從北京到天津，一車人一路奔波也一路歡笑。

一整天的拍攝除了收穫現在書裡收錄的這些照片，還有幾段花絮視頻，以後有機會分享給大家。

除此之外，我還發現了小豪的一些小習慣。比如，如果他沒有吃飽，就很安靜，在人群裡一言不發，一旦吃飽了，便馬上活躍起來，變身話癆子，嘰嘰喳喳，十分可怕。又比如，無論何時何地，他都在看手機，就連走在路上的時候也總是盯著手機螢幕，所以常常一個人落在隊伍的最後。我忍不住想，這個孩子是多不討人喜歡，才會長這麼大了都還沒被人拐賣牽走呢。

那天晚上，一行人回到北京吃完飯回到家已經半夜了。

我一個人坐在電腦前翻看我們拍攝的圖片。

回想我和他們倆，從陌生到熟悉，到幾乎每天都要聊上一會兒，到看到他們兄弟倆發的狀態會緊張會擔心，到好幾次見面聊生活聊工作，到此時此刻我開始寫這些文字。

其實我們三個人認識的時間不長，但是怎麼好像是認識了一輩子那麼久。

剛才去翻手機才發現給哥哥發的第一條短訊已經找不到了。所以從2013年1月末算起到今天，2013年5月18日，也不過就是短短的四個月不到。

但是怎麼好像已經認識了一輩子那麼久？

一切都像廣場上一瞬間飛起的白鴿填充了視野一樣從眼前忽閃而過。那麼多片段，那麼多小情緒，那麼多細微的小事，明亮如同掌心裡的星星。

我的眼眶就忽然濕潤了。

我看到的哥哥和小豪，我感受到的他們，我所擁有的他們，就是最好的他們。

感謝在我最好的時光，我遇到他們倆，重新擁有了不願變老的勇氣。

回想四個月前的他們。

回想每個深夜還堅持寫稿的他們。

回想在失去力量的時候互相打氣努力不肯放棄的他們。

我知道他們付出的汗水和代價。

我知道他們隱忍的意志和決心。

所以，我在圖裡看到了成長了的他們。

我是何其幸運，竟然能夠第一個看到這一切。

並且不用被人看到我丟臉地搗住臉擦拭眼淚的動作。

我的眼睛裡，看到的，是最美好的他們倆。

這便是2013年我最深切的期待。

也許人生長路漫漫，也許有一天我們會各自變成自己從來沒有想過的樣
子。

但我仍感激，也將會牢牢記住——2013年5月18日。

是他們，讓我又一次願意相信人與人之間最溫柔最單純的牽絆。

是他們，讓我又一次願意伸手擁抱美好溫暖如同純白羽翼的彼此珍重。

是他們，讓我明白，過去四個多月發生的一切，和將要到來的精采未來
都是因為——

緣來是「苑」。

做專案不容易啊。

忙到半夜，累得不行。躺下的時候明明是想要趕緊睡著的。

卻又不知道怎麼的，腦子裡全是稿子的內容，想著怎麼調整段落結構，怎麼做同步營銷，怎麼做網絡宣傳。

微微天亮，晚安。

越是想著這些，越是沒辦法睡著。

眼看著時間一點一點過去，眼睛睜不開，腦子裡卻是另一個完全停不下來的世界。

我對自己說，我要好好記住這些個黑暗的房間裡深夜難眠的日子。

那是一審剛開始的6月16日晚上，父親節。

這樣的夜晚持續了近乎十天。我的2013最疲勞的日子也差不多是從這時候開始。

在做哥哥和小豪的書的同時，其實我還要同時兼顧其他工作，比如出版別的作者的書，尋找洽談新選題，重點書的配合營銷，和部門內部各項工作的統籌安排等等。很多時候，都要在下班回到家十點鐘之後才有時間開始看他們的稿子。

為了快點把稿子趕出來，我熬了好多個通宵。為了能半夜不睡，幾乎不喝咖啡的我買了五十袋大套裝的即溶咖啡，每晚熬到一兩點睡意襲來的時候，就沖一杯來提神。

更別提那無數個睏到在電腦面前睡著，或者是睡一小時改稿一小時如此循環反覆的夜晚了。

每次通宵，熬到窗外天色漸漸明亮，看見沉睡的城市一點一點喧譁起來，我連對自己說句早安的力氣都沒有。

網上很多人在問，書什麼時候出？

哥哥和小豪也著急，想催我又怕我太累。

那一天，我在外面見完作者，剛進地鐵站，哥哥的電話就來了。

地鐵裡信號不好，我說了一下午的話口乾舌燥，想到哥哥想問的無非就是書什麼時候可以上市。

但是我現在真的不知道。

連日來因疲勞積累的壞情緒就在那一瞬間爆發了。

地鐵即將進站，迎面而來的涼風吹亂我的頭髮。我忽然好想把一直在震動的電話扔進地鐵軌道，轉身逃到一個沒有人的地方。

只求能夠安心地睡一覺，什麼也不要聽，什麼也不要理。

後來哥哥又給我打了好幾次電話，微信、短訊都發了好多條。

我一通電話也沒接，一條信息也沒回。

我不是在生氣，也不是討厭他。

只是純粹不知道如何回應。

沒力氣回應，也害怕回應。

害怕接起電話，又要跟我談工作的事。

害怕打開微信，又是問我目前進度如何。

其實，我想要的只是一句朋友之間的問候。

在我最需要的時候，讓我知道還有人在乎我真正的感受。

讓我不再感覺自己只是工作的機器，不再感覺自己在這個偌大的城市裡那麼孤單。

也許因為他們總是有另一個相伴，所以從來不知道一個人獨自打拚的滋味。

——那是我們之間，第一次如此長時間的沉默。

六月底我交出了大幅修改後的一審稿件。請了公司裡好幾位資深編輯和新編輯來做試讀，也讓雪漫看了一些。

試讀的效果其實並不好。

故事有趣，但敘述冗長，大家擔心這會影響讀者的閱讀情緒。

又繼續熬夜想新的架構，努力思考如何在最大程度保留原來內容的基礎上讓全書讀起來更加生動有趣。在趕赴印刷廠看印的路上我在手機的備忘錄上記下新的要點，以便回公司後繼續整理。

終於在這一天下午，開了幾場會，最終確定稿件需要打碎重新整合，有相當部分的內容需要重新修改，刪減。

這個節骨眼上重新組稿，時間相當緊迫。

雪漫看我皺著眉在公司整理稿子，過來摸摸我的頭，心疼我。

但是我們都知道，如果一本書的內容不夠好，我們都不可能睜一隻眼閉一隻眼，馬虎出版。

出版是一件嚴肅的事，讀者應該讀到真正優秀的作品。

哪怕為此我要重改三版，再熬一個月，都是應該的。

出版一本書，和我們人生中的很多事情一樣，都是需要耗費極多時間和心血才能得以完成的。只有這樣，當我們回望的時候，才可以由衷地說一句，我不曾辜負自己，不曾辜負為此付出的漫漫時光。

想到《那些女生該懂的事》出版前長達五個月的策劃和素材收集以及之後無數次的推翻重寫，其實這一次，我要面對的，還不算太糟。

所幸我的作者和我一樣，不願意草草出版自己的第一本書。在我給出修改意見和修改樣稿的當晚，他們就開始第二次改稿了。

不過那晚，我們之間卻爆發了認識以來的第一次爭吵。

爭吵爆發得莫名其妙，爭吵原因也說不清楚。我們明明都是為了把稿子改好，卻在深更半夜吵得不可開交。

吵到中途，我都分不清自己是在和誰說話。好幾次都想掛斷電話，怕自己情緒失控讓場面難堪。

不開心的時候不想說話，寧可閉嘴。——二十四歲的我，已經習慣這樣子。

忘記爭吵怎麼結束。

忘記那晚到底幾點才睡。

氣得肺疼了三天，還在繼續熬夜。

週日加班。

早上六點半醒來，七點多就到了公司。

二審後的稿子需要重新排版，版型、附錄都需要再斟酌敲定。

因為排版需要，我開始在自己的手機裡和兄弟倆的微信裡找圖片。

偶然翻到6月18日小豪睡前發的一條微信，和以前我們都各自寫過的那些互相鼓勵的話語，一起拍過的照片，我又傷感起來。

7月12日到7月28日，十七天了。

自從上一次爭吵，到今天，十七天了。

我與哥哥、小豪之間，自那一次爭吵之後，再也不像以前那樣親密了。

忙碌生活還在繼續，讓我沒時間思考這微妙變化。

但是偶爾閒下來的時候，還是會不經意想到。

畢竟，書還在做，每天都免不了要提及他們。

說不在意，說不傷心，那都是騙人的。

曾經那麼用心對待的人，曾經那麼靠近那麼親密的夥伴，忽然之間就生疏了。

怎麼可能若無其事，怎麼可能毫髮無傷？

可是，世間的人和事，本來不就是捉摸不定的嗎？

誰說過，好朋友就永遠都是那麼要好不會生分的？

誰說過，同行一段路就代表要一起走到世界盡頭？

這世界殘忍得很。

我不說，也不問。

直到這個陽光明媚的下午，我在空蕩蕩的辦公室裡，突然翻到了以前的

舊微信，看到了那些曾經寫給我的字字句句。

我是有多傻呢。

有些事情，存在過就會留有記憶。

有些感情，給予過就會永遠溫暖。

我也曾經說過那些真心的話語，

直到此刻還是一樣的心情。

難道他們，不也是這樣的嗎？

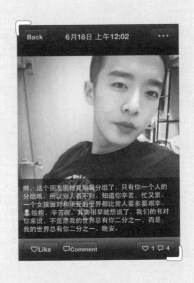

我們的一生，跌跌撞撞總要經歷那麼多苦難，又遇到那麼多美好，才算是完整。

能遇到有緣人，一起消磨些好時光，也總是難能可貴。

在認識哥哥和小豪之前，我的人生也有過跌宕起伏，也有過悲歡笑淚。卻從未想過自己有一天會在北京漂著，結識現在這幫朋友，為出版一本本好書而一次次努力。

而他們倆又是那麼年輕，未來要面對的機遇和挑戰無法預計。

有時候我也不知道自己是把他們看成朋友，還是弟弟，還是工作夥伴。

也許他們以後不會再寫書，也許以後我們會越走越遠，也許以後我們會各自生活在地球的兩端再難相見。

生活總是艱難，我們都有各自的人生需要各自背負。

但我慶幸他們足夠幸運，能夠始終擁有彼此世界的二分之一，永遠都能背靠背勇敢面對人生，面對世界。

過去的二十年裡，他們倆並肩跨越了中國年輕人都必須要面對的第一道人生關卡——高考。幾經沉浮，幾度考驗，他們終於圓夢燕園。我沒來得及參與的他們的前十九年人生，我在他們的文字裡窺見一二，實在是被他們的堅持和努力震撼，更被他們之間深刻真摯的兄弟情誼打動。

我相信，只要擁有了這樣一份永不放棄的鬥志和這樣一位永不拋棄的戰友，未來人生縱然有再多艱難險阻，都一定不能令他們退縮。也正是因為這樣，我想讓更多人知道他們的故事。我深深相信，只要你讀過他們的故事，就一定能夠從中看到另外一個不肯放棄更不願放棄的自己。

我希望有更多的人從他們身上看到90後這一代的正能量和生命力。我更希望有更多的年輕人從他們身上得到啟發和激勵，在走向未來的路上更加堅定更加自信。

只要願意，他們也一樣會是你的戰友，你的夥伴。

他們能夠創造的奇蹟，你也一定可以。

至於我呢。

跟年輕的他們相比，實在是老得能稱作「婆」了。

也許很難真的融入他們的社交圈子，也許總是替他們事事窮擔心，但是至少我堅持在做一件事——像我曾經承諾過的那樣，盡我所能，讓屬於我們三個人的緣分能長一些，再長一些。

但那就是另外一個故事該講的事了。

——婆婆

My Moments　5月19日 上午12:06　• • •

好希望一直是这样。好希望我们一直一直这样好。
不只是工作伙伴、不只是熟人、不只是我陪你经历
过人生的某一段。也许人生太长未来还看不清楚，
但我还不想说再见。

♡Like　💬Comment　　♡ 💬 18

最好的夏天

「哥哥你快去改你的後記，寫得爛死了。」已經連續工作了十幾個小時的編輯總能讓我感慨女人是這個世界上最可怕的生物。

「那妳給我看看妳的手記寫成了什麼樣，我學習一下唄。」我發送了一個壞笑的表情。

「不給，驚喜總要留到最後。」

不給看就不給看，神神秘秘的，不過我相信，總會有「真相大白」的一天。

8月2日，我們認識後我的第一個生日那天，收到了她寄來的生日禮物，和打印好的編輯手記。儘管後來我總說是因為日子選得好，所以那厚厚的一疊編輯手記讀起來格外感人，但不得不承認的是，有些話，她真的寫到我心裡。

「其實我們三個人認識的時間不長，但是怎麼好像是認識了一輩子那麼久。」是啊，我也常感慨，明明是一個文藝女青年，有我最招架不住的敏感

細膩不說，還有女人最拿手的蠻不講理，怎麼就變成了那個總是在我微信裡對話排名前幾位的其中之一？雖然彼此嘴上總是在說煩死對方了，但每天不聯絡又會難受。無論心緒多亂，聽到她暴跳如雷的那句「為什麼你們能去睡覺了，我還在這兒改稿子」，或者是週末晚上懶洋洋的微信語音「躺在床上，今晚可以不用看稿子了，好舒服」還是會笑出來，並感到難得的踏實與幸福。

　　到底是怎樣的緣分安排我們走進彼此的生活，並住進彼此的生命？

　　從1月28號開始，到大半年後的今天，我一直以一種之前從未料想過的模式生活著。這個天天吵鬧著不要做書要去相親的女人，以及那個每次都說「最理想對象在這兒」的二貨，還有被吐槽「偶像包袱超重」，一定會在這個時候說「你們不要吵了」的我，三個人奇特地組合了六個月，完成了一本這樣的書。

　　說實話我很忐忑，從雪漫姐決定為我們出書開始，從第一次在合約上簽上自己還很稚嫩的簽名開始，從第一次有了那麼多人期待這本書開始，從我們為這本書做的千百種付出開始。

　　不記得多少次寫著稿子卻迷糊睡過去，醒來發現電燈、電腦都沒關，手機完全沒電。也少見這樣狼狽的自己，拿著厚厚幾百頁的書稿奔走於學校和咖啡店，一空下來就反覆刪改。有時一天奔波下來，只能湊合洗一個冷水澡。

　　但我知道，從確定選題到完成這篇後記，這本書的出版過程中，前前後

後不知道有多少人在為我們努力著、付出著、期待著、堅守著。

　　感謝一直守候的家人、朋友、老師、同學，我一直是一個不善言語的人，有時候很多溫暖感人的話總覺得羞於開口，也無法一一叫出名字感謝一番，但我也記得有這樣一句話，每一個不善於表達愛的孩子，都習慣把愛藏在心底。

　　感謝命中所有的錯過以及錯過後的久別重逢，感謝所有因漫不經心而丟掉的機會和不想再錯過的小心翼翼，感謝一路走來那麼那麼執著的自己。

　　當然，也要感謝正在讀這本書的你。

　　我們每個人的世界，都是由太多太多的情分和緣分組成，每個人都不是獨立生存在這個世上的，我們給予他人溫暖，也依靠他人收集溫暖，如此依靠一種環環相扣又生生不息的力量，陪伴彼此的一生。

　　寫完這篇後記已經是八月中旬了，這個夏天也過去了大半，我想了想自己寫這本書的初衷，很難描述，僅希望當下書中的溫暖，能照亮彼此的路。

　　希望你和一直以來的我們一樣，傻傻乎乎，為了夢想義無反顧。

——子文

給你，我的小宇宙

　　我仍記得高三畢業的那個夏天，哥第一次對我說，我們寫本書吧。

　　我一度認為這是個世紀玩笑。我用不可能和我不行來敷衍他，告訴他有些事情就是無能為力。

　　他沒再說什麼，雖然我看到他的表情裡寫滿了失望。

　　今年隆冬裡某個漆黑無比的深夜，大雪紛紛揚揚，他又對我說，我們可以寫本書了吧。

　　他說這話的時候眼睛裡有光，那種甚至連我都很少在他眼裡看到過的光亮。我們並排走在漆黑的路上，都沒怎麼說話。我默默地踩著很厚的雪，並沒有答覆他什麼，不過那一晚，我已經很確定了——

　　寫一本書，送給我們，也送給你。

　　我希望我們能一直在你身旁，用這些文字告訴你，無論你走往何處，我們都在。

　　我從未想過自己可以寫一本書，沒想過有一天我的文字可以變為鉛字出現在一頁又一頁的紙上，沒想過可以和一個編輯、一個團隊、一家公司，一

起為了一件事而不分黑夜白晝地努力。

坦白說，寫書的過程很痛苦，透過文字，我好像看到了另外一個自己——閱歷淺薄，經歷平凡。

但我還是難以忘記編輯下班後坐幾十分鐘的地鐵跑來學校的咖啡館與我們談很久，關於新書架構、正文內容、圖片拍攝、附錄編寫；難以忘記每天最怕打開微信看見編輯發來要求改稿的消息提示，也最怕看見她說又熬了一個完完整整的通宵；難以忘記在上了一天的課或是參加了一天的活動後，拖著疲憊不堪的身體回到寢室，看見書桌上自己貼著的字條——「4月6號，第二章節繼續寫兩千字，修改第一章節的最後一部分。」

我還是難以忘記，夜裡十一點寢室熄燈後我的電腦仍亮著；難以忘記自己又一次和高考前那段陰暗日子裡一樣，喝咖啡噁心到想嘔吐，洗漱時昏沉沉地看著濺滿水漬的鏡子裡，自己眼睛裡的血絲清晰無比；還是難以忘記一段段認真地讀給室友聽的稿子，又一次次聽他們猶猶豫豫地說——「還行吧。」要知道在這三個字背後我又頭疼了多久，刪了多久，改了多久……

若我能用自己身上的一點點光亮，帶給那些正看著我的人哪怕一點點改變，我的青春，就不只是我一人。

我想用我的夢想，點亮你的星球。我們把這點光亮傳下去，一個又一個，就連成了浩瀚的小宇宙。

因此我學會用最堅定而強大的聲音告訴自己，我要堅持，要堅持寫下

去，為了我們，更為了你。

　　無論你即將參加高考還是早已將那段與高考有關的日子埋葬在了佈滿塵埃的時光裡，無論你是有兄弟陪伴歲歲年年還是這麼多年來都是一個人默默走過，無論你對這個世界喪失了熱情還是對生活仍抱有希望，我都希望這本書能與你同行，能在你心底佔據那麼一個，哪怕僅僅是很小很小的地方。

　　這個地方永遠屬於青春，屬於陽光和疼痛，屬於不朽和成長。

　　我甚至貪婪地希望無論歲月如何變遷，無論遭遇坎坷或是一路平坦，你都不要忘記這份屬於我們的，青春。

　　我想用我的生活來告訴你，那些我們覺得抹不掉的，忘不了的，放不下的，甩不開的，總有一天，都會成為揮之不去的光亮，照亮我們跋涉的路。

　　你總問我，一切，都還來得及嗎？

　　我不知道我該如何答覆你，用我堅毅的眼神，還是投給你一個無比溫暖堅實的擁抱。

　　我只想告訴你——

　　我就在這裡，給你，我全部的小宇宙。

　　　　　　　　　　　　　　　　　　　　　　　　　　　　——子豪

那些呆又萌、霸道還傻、
笑淚與共，不離不棄的日子

瘦下來的哥哥人氣太旺，所以我決定在和哥哥的合影中果斷把哥哥的臉都打上馬賽克。

昨天晚上又没写稿子！omg！编辑若琳大人看到一定会杀了我的！虽然我知道你是个萌姑娘！

♡Like　　💬Comment　　♡ 💬5

糖婆婆
在这世上，我们都是一个人来，一个人走。You just hang in there, Ros.

5月15日 下午1:33

苑子豪　　　　5月15日 下午1:33
我就是两个人一起来的。。

Comment

很久没这样复习了。复习到头脑混沌，琳怎么了？还不舒服？打了四下铃声就匆匆挂掉了，怕是你已经休息了。是不是改我们的椅子累坏了😂 这张图里有三人。谁都没有在人群里被驱散。恩，此刻，累的同时觉得自己很想你们，my dear friends，nite

♡Like 　▢Comment 　　♡ ▢3

咱们三在一起几个月了。为了这本书都付出了太多太多。如今已经关系好到脸碰手碰脸都自然无比的状态了。我很少这样亲密到身体接触地对待他人，但是琳琳and子文哥却是让我特例的三人组。mua。要到学校啦，每次从书里回来现实生活都要好一段时间呢。(下次即不远的将来见。

♡Cancel 　▢Comment 　　♡2 ▢3

願我的世界
總有你 二分之一

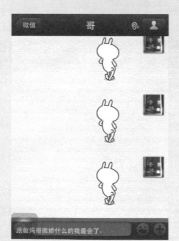

跟爸妈哥撒娇什么的我最会了。

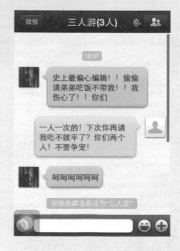

18:37

史上最偏心编辑！！偷偷请弟弟吃饭不带我！！我伤心了！！你们

一人一次的！下次你再请我吃不就平了？你们两个人！不要争宠！

呵呵呵呵呵呵

你修改群名备注为"三人游"

國家圖書館出版品預行編目(CIP)資料

願我的世界總有你的二分之一 / 苑子文, 苑子豪作.
-- 初版. -- 臺北市：春天出版國際, 2016.07-
　　面；　公分. -- (勵志人物)

ISBN 978-9865607-52-4 (平裝)

1.大學生 2.學生生活

525.619　　　　105012518

勵志人物

願我的世界總有你的二分之一

作　　　者　‧　苑子文、苑子豪
總　編　輯　‧　莊宜勳
主　　　編　‧　鍾靈

出　版　者　‧　春天出版國際文化有限公司
地　　　址　‧　台北市信義路四段458號3樓
電　　　話　‧　02- 7718-0898
傳　　　真　‧　02- 7718-2388
E ― m a i l　‧　frank.spring@msa.hinet.net
網　　　址　‧　http://www.bookspring.com.tw
部　落　格　‧　http://blog.pixnet.net/bookspring
郵 政 帳 號　‧　19705538
戶　　　名　‧　春天出版國際文化有限公司
法 律 顧 問　‧　蕭顯忠律師事務所
出 版 日 期　‧　二〇一六年八月初版
定　　　價　‧　280元

總　經　銷　‧　楨德圖書事業有限公司
地　　　址　‧　新北市新店區寶興路45巷6弄6號5樓
電　　　話　‧　02-8919-3186
傳　　　真　‧　02-8914-5524

香港總代理　‧　一代匯集
地　　　址　‧　九龍旺角塘尾道64號 龍駒企業大廈10 B&D室
電　　　話　‧　852-2783-8102
傳　　　真　‧　852-2396-0050

本書 臺灣繁體版由四川一覽文化傳播廣告有限公司代理，經北京鳳凰雪漫文化有限公司授權出版